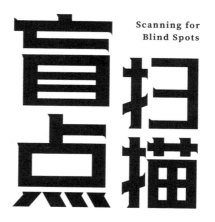

Scanning for
Blind Spots

盲点扫描

多维度解决企业经营难题

董坤 ◆ 著

机械工业出版社
CHINA MACHINE PRESS

图书在版编目（CIP）数据

盲点扫描：多维度解决企业经营难题 / 董坤著 . —北京：机械工业出版社，2024.5

ISBN 978-7-111-75370-4

Ⅰ. ①盲…　Ⅱ. ①董…　Ⅲ. ①企业经营管理 – 案例　Ⅳ. ① F272.3

中国国家版本馆 CIP 数据核字（2024）第 056626 号

机械工业出版社（北京市百万庄大街 22 号　邮政编码 100037 ）
策划编辑：谢晓绚　　　　　　责任编辑：谢晓绚
责任校对：郑　婕　梁　静　　责任印制：张　博
北京联兴盛业印刷股份有限公司印刷
2024 年 6 月第 1 版第 1 次印刷
147mm×210mm · 7.875 印张 · 3 插页 · 161 千字
标准书号：ISBN 978-7-111-75370-4
定价：69.00 元

电话服务　　　　　　　　　　网络服务
客服电话：010-88361066　　机 工 官 网：www.cmpbook.com
　　　　　010-88379833　　机 工 官 博：weibo.com/cmp1952
　　　　　010-68326294　　金 书 网：www.golden-book.com
封底无防伪标均为盗版　机工教育服务网：www.cmpedu.com

献给我的父亲和母亲

董文明和石淑云

这本书从咨询顾问的角度为企业管理者答疑解惑。得益于董老师丰富的行业经验和高超的沟通技巧，读者能够以轻松、流畅的节奏，跟随董老师和案例主角的对话，与案例中的管理者一起，从困惑烦恼到豁然开朗。掩卷遐思，余音绕梁。

路琳　上海交通大学教授，香港城市大学管理学博士，

美国麻省理工学院斯隆商学院访问学者，

瑞典延雪平大学访问学者

通过案例分析掌握管理知识，在具体情境中寻求方法，对创业者和企业家来说是非常便捷的学习路径。董坤的新书《盲点扫描》帮助创业者和企业家找到了这条路径。书稿的编写逻辑和流程——从具体的工作场景开始，提炼案例背后理论性的实质，再应用于其他相关实践领域——让读者能迅速与案例中的企业家感同身受，进而能迅速洞察问题成因，

再获得解决同类所有问题的能力。

刘润　润米咨询创始人

《底层逻辑》作者

董坤的这本书非常难得，它是一本很注重实战的书，浓缩 EMBA 课程，既有案例的生动性，又有理论的扎实性。这源于董坤钻研理论经典，又深入企业实践。好的理论经典就是一把利剑，可以快刀斩乱麻，厘清企业整体经营状况，强烈推荐阅读！

王成　凯洛格咨询集团创始人，华成战投创始人，

《战略罗盘》作者

很多人一想到管理咨询，就觉得这是高端的服务，只有大型企业才能支付得起。其实中小型企业更需要管理咨询，如何才能满足它们的咨询需求呢？董坤提出了微咨询的概念，只需要 2 小时的微咨询服务，就可以帮助中小型企业管理者发现并解决问题。这本书用了大量的案例呈现微咨询的方法、流程和效果，非常推荐阅读！

陈雪频　智慧云创始合伙人，

《一本书读懂数字化转型》作者

这本书的整个构思和结构的搭配，都称得上用心良苦。它从身边发生的案例出发，让读者沉浸其中，与主人公同频，激发思考而不显枯燥，这实在是难得。同时，董坤构建

的方法论既有深厚的理论功底，又有实践案例支撑，读者可以拿来就用。这是一本值得深入、反复阅读的好书，值得推荐。

刘善仕　华南理工大学工商管理学院教授、博士生导师

　　在这个充满挑战与机遇的时代，董坤先生的《盲点扫描》为我们扫清了企业发展路上的一个个盲点。书中，他以20年的丰富咨询经验，精心剖析了企业发展中的五大类难题，用20个鲜活案例，引领我们洞悉人才管理、构建第二曲线、领导力水平提升、组织发展难题、品牌和市场营销的深层逻辑，以及认知上的盲区。这不仅仅是一本书，更是一份智慧的传承、一份对企业家精神的致敬。

倪志刚　腾股创投合伙人，

《华为战略方法：基业长青的秘密》作者

　　读董坤兄的书，最大的感受是真实！这源于他多年的一线工作实践。阅读《盲点扫描》之前，我对商业咨询有一种偏见："你说的好像很对，但总感觉还有哪里不对。"这本书让我意识到了"不对"的那部分，就是理论与现实的区别：理论是抽象的，简化了能力、条件、场景等复杂的要素；现实是复杂的，那些看起来不重要甚至理所当然的事情，可能就是决定成败的关键。董坤兄的书恰好解决了我这类人的困惑，因为书中的案例，就是最近发生甚至正在发生的真实例子，保真、保鲜，只要你认真体会，就真的能有所收获并学以致用。

罗刚　青岛远洋大亚物流有限公司副总经理

这是一本很好看懂的书，没有堆砌专业名词，而是用通俗易懂的语言进行经验总结。行文如流水，读起来酣畅淋漓，特别精彩之处是，作者对问题洞若观火，三言两语就能引导客户思考并发现问题本质，其引导思考于无形。

这是一本拿起来就不想放下的书。如果你不想啃厚厚的管理教科书，又很想知道如何解决企业经营问题，读它就对了。

这也是一本很好用的书。整本书的理论框架完整，理论系统性强，案例分析专业度高，给出的解决方法可借鉴性强。这些案例在企业管理中很常见，作者针对每个问题所提供的解决办法简单、实用、好操作，拿来即可用。

容莉　大学教授，英国曼彻斯特大学访问学者，

深圳市政府专家库专家，深圳市政府商业顾问

当今经济环境下，不少企业遭遇增长挫折，甚至业绩折损严重。不少企业家与高层管理者将遇到的这种情况归咎于外部环境不好。《盲点扫描》一书，剖析实际案例，扫描诸多经营认知的盲点，向我们展示了基于企业发展逻辑的思考方式带来的认知冲击力，其实竞争并不难，难的是思维的破

VIII

局。你一定要阅读这本书，一定会有收获！

阳静　长贝控股战略陪跑委员会主任、餐饮事业部

总经理，真功夫前财务总监

　　拿到董老师的《盲点扫描》，第一反应是对"盲点"二字感到好奇，拥有多年咨询经验的董老师到底会如何定义"盲点"？一口气读完发现，这本书通过生动有趣的案例，鲜活地呈现了在企业管理实践中那些边界容易混淆的问题，以及解决这些问题的管理诀窍。《盲点扫描》既有生动的案例引入，又有底层理论支撑，还提供了应用场景及边界，是董老师多年咨询实践的精华萃取及总结。特别推荐阅读！

李静儿　组织发展专家，

长贝控股高级组织发展咨询顾问

在实践中洞察商业真相

本书作者董坤老师是我的好友兼同事，他学富五车、才思敏捷，先后进修了数字经济学和可持续发展的工商管理博士学位，同时作为一名咨询顾问战略陪跑数家企业，亦是多本商业畅销书的作者。董坤老师可谓读万卷书、行万里路、阅人无数亦有名师指路。他每年阅读量巨大：专业书过百册，专业前沿论文过百篇。他记忆力极佳，资料中的关键观点，只要读过就会记忆深刻，还可以灵活运用到实际工作中。董坤老师有一个"爱好"：给人开书单，我也是他的这个爱好的受益者。董坤老师是一个理论实践的创新专家，能简明扼要地将理论应用于实践，直击本质；又是一个健谈诙谐的朋友，和他聊天，总能从不同的维度给你开启另一扇思考之窗。

我在拿到《盲点扫描》的书稿之后，一口气读完，酣畅淋漓。董坤老师将实际工作中亲身经历的 20 个极具代表性的案例，写成一个个商业故事。在故事中，他将企业面临的问题，以及创始人团队为解决这些问题而开展的思考过程，娓娓道来。读这本书，就像和一个智者对话，思维的碰撞激荡于文字间。

沉浸在咨询行业二十载，作为一个资深的咨询顾问及商业咨询公司的管理者，我同董坤老师一样，有幸见证并参与了众多企业发展的商业案例，其中有成功、有失败，但归根结底，造成不同经营结局的无外乎企业家在以下五个维度中思考和行动的质量。这五个维度，正是董坤老师在书中构建的主题章节，它们是人才管理、构建第二曲线、领导力水平提升、组织发展难题、品牌和市场营销。在当今易变、不确定、复杂的商业环境中，以上五个维度构成了企业可持续发展最重要的框架。

可贵的是，这些案例虽然各自独立，但是背后却反映出企业在不同发展阶段有可能遭遇的共性问题。董坤老师通过深入剖析这些案例，为我们展示了一个个生动的企业管理场景，同时也为我们提供了解决问题的方法和思路，并且书中提到的解决问题的方法和思路都具有强大的理论支撑。

多年商业咨询的实践让我们形成了一个清晰的观点：企业是一个有机的整体，任何一个环节出现问题都可能影响整个企业的运行。虽然书中的案例进行了分类，但是管理者在阅读时应该保持整体性、系统性的思维，才能更全面地理解企业的运作机制，更准确地找到解决问题的方法。

面临企业管理的问题的，每一个管理者都有自己的理念、支撑决策的底层逻辑，没有对错之分。做一家能持续成功的企业的确不容易，不仅需要有信仰、有情怀，还要能不断地通过实践和学习修正自己看待商业的底层逻辑、经营理念，从而优化自身的行为准则。这本书对企业高级管理者完善企业运营管理的底层逻辑和决策系统有很大的帮助。

《盲点扫描》这本书，无疑是助你达成自身目标的有力武器。我强烈推荐正在或即将投身于企业管理工作的朋友，无论中小型企业的创始人，还是大型企业内部创业公司的高层管理者，甚至咨询业的同行，认真阅读这本书。除了借鉴书中的案例，我相信，你还能洞察董坤老师在坚实的理论支撑下，从战略的视角、专业技术维度将理论转化为商业实践的过程中，是如何"扫描"企业经营中出现的问题的，从而获得他的方法论和思考能力。这本书会给你带来重大的启发和帮助，值得创业路上的每一位管理者深度品鉴。最后，感谢董坤老师在繁忙的工作之余花费大量的时间和精力总结案例、出版成书供读者阅读。

开卷有益！

姚忠

广州长贝管理咨询集团总裁

长贝控股总裁

企业经营管理的基本逻辑

　　董老师的《盲点扫描》讲了一系列有趣的轻咨询故事，撷取了他与不少创业者、企业家交互的场景，让我印象较为深刻的是董老师对于谈话对象的有效引导。

　　书中探讨的企业经营管理课题，无论是市场营销还是组织人才，其任何举措都需要基于这样的基本逻辑——对企业利益相关者的人性的认识，包括客户、员工，以及企业家自己。只有基于合乎理性、符合企业家本人价值观的逻辑，才能得出企业家期望的决策。

　　虽然管理学和市场营销学在学术意义上已经形成了完善的知识体系，但是在社会现实中，由于传媒出版行业越来越发达，企业家通过各种媒体和信息渠道接收到的信息却良莠不齐。如果缺乏良好的判断力，则容易被旁门左道的经营管理概念宣传带偏，在企业经营中走火入魔。

　　举个例子，没有一个企业老板不关心对干部和员工的绩效管理。从现代管理学中人才管理的原理来说，"绩效"是指员工在工作中的表现，即所展现出来的行为，而这些行为以企业期望员工所具备的能力和特质为基准。绩效管理是经理人对员工设定标准和目标，观察员工行为，并及时给予反馈和指导，从而使得员工达成企业和经理人期望看到的结果。然而在现实中，很多企业老板和经理人将绩效管理理解为设定指标、考核和发钱，不论这种指标叫 KPI 还是 OKR，都只是换了一个名称的"马甲"而已。

为什么绩效管理是行为观察和反馈指导，而非考核和发钱呢？这是因为绩效管理的基本逻辑基于这样一个假设：在经营管理中，把员工看作企业的资产、跟企业共同成长的伙伴。如果脱离了这个假设，企业家将员工看作交易对手，希望在交易中获利，那么绩效管理自然就变成了围绕员工工作成果的计价、谈判和考核。

在商业现实中，并不尽如学问探究那样理性，正所谓"慈不掌兵，情不立事，义不理财，善不为官"，人性的复杂、幽微，使得企业家在开展经营管理时，随时处于利益平衡和人性判断的博弈、抉择中。当企业家困惑时，那些歪门邪道的管理理论也许更能迎合企业家本人的本能冲动。然而，只有如董老师这样，在轻咨询过程中对企业家循循善诱，铺排开各种可行的选项，揭示每个选项背后的理性或者人性的真相，让企业家自己厘清基本逻辑，彻底对自己敞开心扉，自己来拿主意，才能让企业家踏上真正的修行之道。

　　这是我推荐各位读者手执此书的原因。

陈果

企业知识开源计划首席布道师

波士顿咨询前董事总经理

IBM 咨询前全球合伙人

除掉你自己眼睛中的尘埃

"先除掉你自己眼睛中的尘埃，才能看得清并拔掉企业的障碍。"

读完《盲点扫描》这本书以后，我对作者又有了新的认知，一本透彻的书必然出自一个透彻之人。

得益于 20 年的咨询顾问工作经验和知识的积累，作者将自己的宝贵心得具象化为 20 个案例、55 个盲点。

假如你有创业的需求，这里有对企业发展的深刻看法，可以结合自身情况拿去用。如果有朋友现在苦恼于企业组织发展，不知怎样才能顺利进行，可以看看书中学习型组织的构建。管理看似简单，实则困难，高超的领导力是企业成功不可缺少的一环，书中列出了善用人才巧妙运用组织策略的全面解释和实施方法，剖析了如何在提升自我领导力的同时提升团队协作能力。

企业的发展和国家的发展息息相关，书中全面分析了中国企业的发展趋势并且说明了中国企业应当如何适应全球发展。数字化时代理应用数字化方式去营销。这本书也讲述了如何利用信息爆炸从而让企业获得最大利润，细致的案例分析、精准的盲点扫描及总结、专业度极高的建议，都能帮助企业找到问题根源、运营顺畅、少走弯路。

　　作者将自己的经历和知识化作这本书，每一个盲点的总结都是他从业 20 年在行业里留下的印记，他分析各企业走过的弯路，总结后写下这本书中的"直路"，毫无保留地给大家透彻分析对企业运营的看法。

　　希望更多的朋友能被这本书实实在在地帮助到，前途万丈光芒。

施嘉豪

嘉豪投资集团创始人

嘉豪集团主席

找到属于自己的那盏灯

在这个纷扰的商业世界里，我们如同行走在迷雾中的旅人，渴望一盏明灯指引前行。董坤老师的《盲点扫描》便是这样一盏灯，它不仅照亮了前行的道路，还在每个转角处投下了思考的阴影。

书中，董坤老师以他那犀利而不失温情的笔触，剖析了企业发展的五大维度：人才管理、构建第二曲线、领导力水平提升、组织发展难题、品牌和市场营销。他不仅仅是在叙述，更是在引导我们去思考、去探索、去实践。每一个案例都如同一面镜子，映照出我们自身的盲点与不足。

在人才管理一章，他告诉我们，人才不是简单的"选、用、育、留"，而是一场关于人性与潜力的深刻对话。他提醒我们，真正的人才管理，是发现每个人独特的光芒，并将其置于合适的位置，让这些光芒汇聚成企业的辉煌。在构建第二曲线的论述中，他提醒我们，企业的成长并非一蹴而就，而是需要在阳光灿烂之时，就开始修葺屋顶，这不仅是对未来的准备，还是对当下的尊重。对于领导力水平提升，他强调的不是权力的施加，而是影响力的培养，这需要领导者具备洞察秋毫的眼力和春风化雨的手腕。对于组织发展难题，他以一种近乎诗意的语言，描绘了一幅幅团队协作与变革的图景，提醒我们组织的发展如同树木的生长，需要在正确的土壤中给予适当的养分和空间。至于品牌和市场营销，他则以一种近乎哲学的视角，探讨了品牌的价值与市场的真谛，指出品牌不仅是用于识别的符号，还是企业与消费者之间情感的纽带。

董坤老师的文字，既有锋芒，又不失温度。他不仅仅是在讲述一个个案例，更是在讲述一个个关于成长、关于梦想、关于坚持的故事。这些故事，或许会让我们感到痛苦，因为它们触及了我们内心深处的不安；同时，它们也会给我们带来力量，因为它们让我们看到了希望、看到了可能。

正如彼得·德鲁克所言："管理是一种实践，其本质不在于知，而在于行。"董坤老师在《盲点扫描》中所展现的，正是这种实践的智慧。他的作品，具备德鲁克所倡导的实践精神，强调管理的本质在于行动。董坤老师的见解，不仅在商业实践中具有指导意义，还在思想层面上为管理者提供了新的视角。这本书，对那些希望在商业领域中有所作为的读者来说，无疑是一本值得细细品味的佳作。

在这个充满变数的时代，我们每个人都在寻找自己的道路。《盲点扫描》或许不能给我们一个确切的答案，但它能给我们一盏灯，让我们在前行的道路上，不至于迷失方向，这或许就是这本书最大的价值所在。愿每一位读者在阅读它的过程中，都能找到属于自己的那盏灯，照亮前行的道路，直至梦想成真。

马海霞

长贝营销咨询专家

九阳集团原品牌总监

微咨询是一项普惠的咨询活动。它费用低、时间短、针对性强，特别适合需要挖掘第二曲线的中小型企业。

与超大型企业不同，中小型企业员工人数少、业务简单，创始人或管理者对企业的运营状况有较深入的了解。因此，这类企业的创始人或管理者往往可以在咨询顾问的引导下，公正、客观、翔实地反馈企业所遇到的问题，这是超大型企业的管理者力所不及的。超大型企业内部存在各种形式的沟通壁垒，导致信息在企业内部是非透明的，往往需要借助外部专家展开较长时间的内部访谈调研，才能找到真正的问题。

中小型企业的这一特点，决定了两个小时的微咨询服务可以帮助管理者扫描全局，挖出盲点，解决遇到的难题，尤其是当企业需要寻找新的战略方向时。笔者在长达 20 年的咨询顾问生涯中，曾为数千家中小型企业提供这类高效的咨询服务。在这些企业当中，很多已经成长起来，如三只松鼠、小熊 U 租、巨亚能源、九摩科技等。

当然，如今，很多超大型企业也有很多分公司或者内部创业公司，这些类型的企业机构也适合微咨询。

本书收录了我20年战略管理咨询工作中亲历的20个典型的微咨询案例。案例中，管理者所遇到的困惑往往生发于细节，但极具代表性。分析这些案例，并从中梳理总结出解决问题时可复用、可传播的方法论，切实让读者受益，是我写作的初心。

本书中的20个案例按照影响企业发展的不同维度，可分为五大类：人才管理、构建第二曲线、领导力水平提升、组织发展难题、品牌和市场营销。读者需要注意的是：虽然为了方便阅读，我将案例分为五大类，但企业是一个有机的整体，这五大类案例涉及的问题往往会在企业经营过程中接连出现，只不过某些问题比较隐蔽并没有被人们注意到。或者说，在不同的发展阶段，上述五大类案例涉及的问题中的某一类可能会格外凸显出。希望读者不要将上述问题割裂开来看，而应对其进行整体性、系统性的思考。这样阅读本书，你会收获更多。

本书适合的读者群体包括中小型企业或者大型企业中分公司、内部创业公司创始人和高层管理者，尤其适合企业的战略决策者、咨询业同行以及任何想要获得良好发展的个人。希望你开卷受益。

董坤

CONTENTS
目录

XXIV

第一章

CHAPTER 1

人才管理

人才管理是企业在经营过程中最令管理者困惑的工作。管理者可以通过自己的努力或者聘用外部专家来为企业寻找战略方向、梳理管理制度和运营流程、建立激励机制、开展技术创新，但所有的这些工作，都需要"人"来构建和执行。

同时，人是企业运营当中不确定性最强的要素。一个人可能今天还在努力工作，但因为企业颁布了某项新的管理措施而迅速失去工作积极性；另一个人可能一直被管理者视为平庸之辈，但因为一件出乎管理者预料的小事而下决心开始努力工作，展现才华。

因此，人才的"选、用、育、留"是管理者最重要的工作之一，却也是最容易让人头疼的问题。华为创始人任正非曾说过："人才不是华为的核心竞争力，对人才进行有效管理的能力，才是华为的核心竞争力。"这意味着，一方面即使是华为这样的巨头企业，也曾经困惑于对人才的管理，因而一旦解决了问题，任正非都认为这是值得骄傲的；另一方面，获得"对人才有效管理的能力"这项核心竞争力很难，可一旦拥有，会大大促进企业的发展。

本章我们通过四个案例故事向管理者介绍一些正确、实用，既有理论基础又经过实践检验的人才管理思想和方法。通过阅读这一章的内容，希望管理者可以初步把握获取"对人才有效管理的能力"的思维和方法论，并将其用于自己的企业，让企业内部始终能够保持"人才济济"的状态。

案例01 他们到底是草根还是精英

　　这家公司研发、生产、销售高科技电力数据监控和管理设备。战略定位决定了企业文化是严谨的工程师文化。在这种文化氛围中，公司的管理制度倾向于精准、定量，强调流程。随着外部环境的剧烈变化，越来越需要有不同文化思想的"新鲜血液"加入，以便塑造更加多元化的文化氛围，给公司重新带来创新思想和活跃创新环境。

　　因此，公司招募了一些具备理工科背景的新人，在衡量候选人时，特别关注了其是否具有"奇思妙想"的能力。经过层层筛选，人力资源部门和公司的管理者终于选出了几位特别合适的新工程师，对他们寄予厚望。这些人的表现却让所有人大跌眼镜，他们似乎很难融入到公司现有环境中。

"董老师，你好！"

这位管理者年纪大约在 50 岁，头发花白，很有书卷气质。近些年来，随着科技要素在商业中的重要性快速增加，具有工程师和学者背景的管理者越来越多。这些人一般来说都是受过高等教育的人才，并且有深厚的理论和技术背景。他们加入到商业领域中来，一定会大幅提升中国企业界的技术水平，有助于经济更好、更快发展。

但这并不意味着高学历、高素质的创始人在管理企业的时候就不会遇到问题。特别是这些"专精特新"的公司，创始人一般都是技术工作背景出身，在技术研发方面具有独特的能力和技术路线选择的远见卓识，但一家公司的成功经营并不能只靠优秀的技术研发实力。科技公司和一般公司一样，管理者都要面对诸如战略、管理、运营、营销、供应链、生产等诸多难题。只有管理者在多个维度都能形成准确的判断和决策能力，才能确保公司的技术产品在市场上获益，以便为后续的技术开发和创新提供来自市场上的思路和源源不断的投入能力。商业不是学术，因此，技术能力绝不是商业成功所需的唯一能力。

"你好！"我应答道。

我们相视而笑。我请他介绍一下公司的情况和遇到的问题。

"我们公司是从事电网数据监控设备研发、生产、销售的。我是上海交通大学电气自动化专业硕士毕业的，因为看到了国家在基础设施建设上的快速投入，所以开办了这家公司。公司研发的设备是用于电网智能化管理的。你知道，电网是负责电力传输的媒介，主要技术指标是传输电压、损耗等。

"电网属于输电环节，这意味着会有一个'一进一出'的逻辑，而且理论上输入电能减掉损耗应该等于输出电能。目前，向电网上输电的发电厂有很多，涉及风力发电、水力发电、光伏发电和传统发电，而用电量也不是很稳定，生产、生活用电可能会突然增加或减少，但是电网的负载必须稳定，我们的设备就是解决这个问题的。"

通俗来说，电网好比一条河，电从源头流入、从下游流出，过程中会被各个用电的环节使用，就像河水会被引导灌溉农田一样。最后，剩下的水必须流入大海，否则就会冲垮河堤、造成灾难。这家公司的设备就是用于电流在电网上的分流和流量管理的。

"你的问题是什么？"

"我们在招人和用人上遇到了很大的问题，公司总是找不到合适的人！比如，公司的工程师队伍都在电力行业从业多年，他们在制定技术标准、技术规范和传统技术的开发上可谓经验丰富，但对新技术，尤其是数据分析、人工智能等领域缺乏创新。公司的主要客户国家电网提出'智能电网'是未来电网设备的发展方向，因此，我们很想开发一批具有数据分析和人工智能要素的检测设备，但现有的工程师队伍对此一筹莫展。

"于是，我们招募了一些数据分析专业、人工智能专业的年轻人，将他们作为培养对象，希望他们快速成才。而且，在选人的时候，我们还特别选择了那些对同一个问题有不同想法和解决方案的人，并对他们寄予很高的期望。

"但是这群新人来到公司后极其不适应。老工程师认为，这些娃娃的工作任务完不成，甚至对老员工也不够尊重，更会直接反驳说工作安排不符合他们的预期，拒绝执行，这让我很苦恼！"

"你的意思是说，你让新来的技术创新工程师做老工程师的下属？"

"是的，他们要先熟悉电力行业的设备研发规则。"

管理者认为自己的选择没有错。用一般逻辑来看，这些负责创新的工程师年轻，对电力设备技术并没有特别丰富的经验，因此先让他们理解电力设备技术看上去是极其正确的选择。事实上，很可能数据行业有自己的逻辑，因此，公司所要开展的创新工作，极有可能需要让了解电力行业设备、技术经验丰富的老工程师先来理解数据和人工智能的特点，再结合原有技术特点来寻找与新技术的结合点。

这位管理者可能有些先入为主了。到底谁主导，要看创新的方向而不是经验丰富的程度。面对类似的创新活动，如果整个逻辑不梳理清楚，经验就会变成阻力而不是助力。不过，在咨询实践中，这个观点很难让人接受。

不是找到合适的人，而是把人放在合适的位置上

"你先别急，我讲个小故事给你听。第二次世界大战期间，美国为了打败德国的空军，投入重金研发喷气式战斗机。对飞

机的研发来说，最重要的过程之一就是进行风洞实验。当时，洛克希德·马丁公司承担了研发喷气式战斗机的任务，因此需要迅速招揽人才。公司总工程师去各个大学搜罗人才，最终看上了一个刚从名校毕业的小伙子，认为其值得培养。

"总工程师安排这个年轻人加入公司后，跟老手学习如何通过风洞实验来测试飞机性能。没过多久，这些老手就反馈说，这个年轻人不仅不愿意学习他们所教给他的实验方法，还指出现在的风洞实验无法帮助研发喷气式战斗机。

"大家认为这个小伙子很无知，居然对他们的经验不屑一顾。此时德国已经研发出高速的喷气式战斗机，而盟军的飞机还是螺旋桨式的，基本上处于被吊打的局面。如果美国不能快速研发出喷气式战斗机，战场上每天都会有无数飞行员死亡。

"虽然满腹狐疑，但是总工程师对这个自命不凡的年轻人说，你认为你是对的，证明给我看！这个年轻人立即把自己封闭在风洞实验场所，没多久就研究出了新的测试方法，为美国研发喷气式战斗机立下了汗马功劳！"

在听我说完这个来自"物联网之父"凯文·阿什顿有关创新的真实故事之后，管理者若有所思。片刻之后，他说："你是说，我们应该让这些年轻人来主导数据分析设备和人工智能设备的研发？"

我没有正面回答他的问题，因为我不确定他招募的这些年轻人能否像凯文的故事中那位年轻人一样有能力。我决定从底层逻辑上，让他体会到他的公司出现了人才错配的现象。这种现象的出现，不是因为他们选人的思维方式出了问题，而是公司发展到目前这个阶段和所面对的创新任务造成的。

　　"我们来分析一下这个故事。螺旋桨飞机和喷气式战斗机是完全不同的技术路线。洛克希德·马丁公司的技术专家都是擅长螺旋桨飞机研发的，而创新目标是制造喷气式战斗机。这意味着，技术专家想要用螺旋桨飞机的制造经验来解决喷气式战斗机的创新问题。这等同于用走路的经验来学习游泳。你觉得，能成功吗？"

　　"这肯定做不到！"他回答得斩钉截铁。

　　"要想获得成功，我们是不是要让游泳教练来主导？"我继续问。

　　"这是肯定的！"他说。

　　"那你觉得，公司所研发的新设备，数据分析也好，人工智能也好，能用原来电力行业经验来主导吗？"我追问。

　　"我明白了！应该让数据分析工程师和人工智能工程师来主导！"他一下子就看到了事情的本质。

　　"没错！公司出现了人才错配现象，本来应该在创新中作为主导的团队，被放在了被动的位置上，这是矛盾产生的原因。

　　"这意味着，在确定某人是否合适之前，我们先应该将其置于合适的位置上，对吗？"我继续启发他。他重重地点头表示赞同。

　　事实上，很多时候，如果企业建立了正确严谨的招聘制度和任职者画像，找到合适的人才并不难。找到合适的人是基本功，但想让合适的人发挥出其被期望的价值来，必须给他合适的位置。很多企业在选拔人才的时候极其严谨，人才被招聘进来之后，对于他适合哪个岗位这个重要的问题反而置之不理了。

从另一个角度来看，人才没有不合适的。不能发挥价值，产生消极情绪，只是因为他们没有被置于合适的位置之上。这让他们无法发挥自己的才能，无法满足自己对成长和成就的追求，从而虚度光阴。管理者最优先的工作是将人才放在合适的位置上，然后看这个人能否胜任这份工作。

即便一开始能力尚有欠缺，只要位置合适，人才对工作有热情，能力上的提升是很快的。相反，如果人才本来就不喜欢做某件事，管理者还希望通过培训提升他在这件事上的能力，那岂不是适得其反？

任何规模的企业都有人才错配现象

错配现象会出现在任何规模的企业中。当然，在人数众多的大型企业里，错配现象会更普遍，几乎每20人中就会有1个人在不合适的岗位上。创业公司也未能幸免，原因主要是创业公司的人员很少，一个人往往要承担多项任务，必然有些业务是他不擅长、不喜欢的。管理者要特别注意这种错配现象，它实际上是员工离职率居高不下、工作执行不到位、改善措施极难推进、工作结果与预期不符等一系列管理问题的根本原因之一。当管理者觉得公司的运营过程中人的问题很突出时，应先从错配现象入手，仔细审视自己的公司里是否出现了错配现象。

发现错配最好的办法是"走动式提问"，这种管理方法来源于管理学中非常著名的惠普之道中的"走动式管理"。"走动式提问"是"走动式管理"更精准的描述，高层管理者可以到总是出现问题的一线去，询问负责的员工以下几个问题：

- 你觉得工作顺利吗？
- 你觉得有什么阻碍？
- 你觉得你的上级能做什么帮你改善工作？
- 你觉得我能帮助你什么？
- 你怎么看待自己的工作？喜欢它吗？在公司的所有职位里面，你最喜欢哪个？
- 你觉得目前的职位设置合理吗？如果你得到了你想要的职位，你需要什么帮助才能把工作做好？

通过这种谦逊的问讯，高层管理者能了解到很多阻碍一线工作推进的原因，并找出错配的地方。然后，高层管理者需要将搜集到的细节信息抽象出来，至少在制度层面上解决问题。

用人之长

有些错配是无意的，而有些错配是有意的。很多企业在招聘人才的时候，往往根据企业自身的需要来设置岗位职责，然后按照岗位职责所需的技能来对照候选人工作经历中体现出的技能确定人选。很多企业的战略大同小异，导致岗位职责雷同，而求职者会观察到这种现象，于是按照企业岗位职责的要求来编写简历。

有人说，面试可以排除这种错配。实践证明，目前大多数的面试流程对于筛选人才起不到明显的作用。面试官往往会在候选人身上寻找"自己的影子"，而不是判断对方的能力和岗位的匹配度。如果面试官对某个候选人的第一印象很好，觉得他和自己属于"同类"，就会有强烈的倾向聘用他。事实上很可能另一个人更合适岗位的要求。这些问题，造成了无意的错配。

除了无意的错配以外，有意的错配也时有发生。有意的错配往往是企业管理者明明知道某人不适合某个岗位，但由于找到适合的人太难了，于是采用行政命令来让这个不适合的人担任新岗位。做出这个决策的人会维护自己"决策的正确性"，即使事实表明这是个错误的决策，他还是能找出很多积极的信号来证明自己的正确，直到错配的人员提出离职。

"现代管理学之父"彼得·德鲁克给上述难题提供了解决方案：用人之长。要想用人之长，首先要求管理者找出公司员工真正的长处来。这需要管理者对员工足够熟悉，多开展"走动式提问"这类的工作，挖掘人才的真正价值，并将自己的结论与候选人确认，而不是自己想当然。管理者在采取任何人事变动决策前，都必须征得受影响的人的意见。否则，这个人即使表面接受了安排，也会"阳奉阴违"。如果受影响的人是真正的人才，他还可能会离职，因为他的才能让他处于人力资源市场上的优势地位。长此以往，公司就只会留下一群平庸之辈。

　　管理者要耐心地去洞察每个岗位的候选人真正的"长处"，而不是仅凭自己的主观臆断来进行决策。甚至，优秀的管理者会对自己的选择自我质疑。他们会常常问自己，某人在某个岗位上到底适不适合，如果是因为某人阻碍了公司的发展，那么就该解决这一问题。否则，就是对公司当中那些特别合适、热爱自己工作的人最大的不公平。

　　在管理者真正了解到了某人的长处以后，可以反过来重新审视人力资源部门提交的岗位职责是否合理，能否让新来的人才得以发挥自己的长处和才干。如果可以，管理者就可以把工作交给他，并密切关注其工作绩效，直到他卓有成效。如果岗位设计有问题，那就修改岗位要求。

　　我们经常在网上看到一些岗位要求中的"不可能完成的任务"。如要求一个人既有数学专业的学历背景，又能写出优秀的营销文案，还可以出镜拍短视频、承担商务谈判的工作，并且只能拿最低的工资……

　　这种岗位要求完全不合理，一个人很难拥有全部的才能，就算有这种人，也不可能甘心于拿最低的工资。你需要审视一下自己公司到底设置了多少"不可能的岗位"，然后重新审视这些岗位，以"用人之长"的观念作为指引，寻求更合理的安排。

人对了，事就对了

　　电网设备公司的管理者决定带着我的意见回去解决公司中人员的错配问题。他非常喜欢"走动式提问"的方法和"用人之长"的理念，而且坚定地认为新项目应该由公司里那些数据分析和人工智能专业的年轻人来主导。他计划让这群年轻人给所有的电气工程师做一次技术分享，看看会发生什么。

结果，年轻人受到了鼓励，他们得以在自己之前的"上级"面前展现自己的所学。电气工程师们意识到，他们可以从这些年轻人的身上学到很多对创新项目有用、自己又一无所知的知识。他们重新审视了这些年轻人的技术观念，对创新工作有了新的认识。

最后，公司决定由数据分析和人工智能技术主导，结合现有的电气设备知识和经验，重新来打造新项目。结果，他们取得了巨大的进展，并在多个项目上中标。

盲点扫描

1. 当员工不能胜任岗位时，认为责任都在他

当员工不能胜任岗位时，先要看看公司是否将其放在了合适的位置上。

没有100%合适的人，任何人都有非常明显的缺点和优点，不要试图去改变别人，除非他自己愿意做出改变。管理者更应该做的是找出这个人的优点，然后给他提供能发挥长处的位置。

2. 管理水平优良的大型公司没有错配现象

人和岗位的错配现象在任何规模的公司里都存在，

不论其规模大小。管理者可以运用"走动式提问"的管理方法来发现这种错配。不过，最好公司先制定清晰的战略并有确定的岗位责任概念，否则，即便是管理者采取这种方法，也无法解决错配问题。错配问题解决的基础是公司有清晰的战略。

3. 解决错配问题，调整人员岗位就行了

如图 1-1 所示，管理者要掌握搜集到的碎片信息，但不直接处理它们，而至少从制度上优化，争取一次解决一批问题。

第一步：你需要先发现问题。

第二步：让合适的人过渡到合适的位置上，然后密切观察他的绩效是否增长。

第三步：要从人员招聘和安排的制度上重新思考，杜绝错配问题的再次发生。

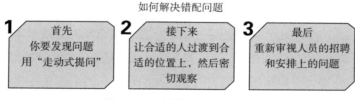

图 1-1 解决错配问题的步骤

案例 02 学历不高就没有优秀的人吗

为了改善公司的人才结构、提升业务水平，这家从事电子支付硬件设备业务的公司修改了招聘要求——增加了对最低学历的要求，即应聘者至少需要取得本科学历才可以参与面试。然而，这个调整并没有给企业的人才结构和业务水平带来什么改善，反而增加了用人成本。管理者对这种情况感到困惑。

为什么公司明明提高了用人的学历要求，但没有带来好的效果？为了寻求问题的答案，这位管理者专门找到了我。

　　"董老师，你应该用过我们公司的产品，"刚刚坐下，这位气质优雅的女士便微笑着对我说，"只要你在超市或饭店用过电子支付，就应该用过我们的产品。我们的支付设备市场占有率基本超过了三分之一。"

　　"现在公司遇到什么问题了？我有什么可以效劳的呢？"我也微笑着说。

　　"我们公司从事电子支付硬件设备的研发、生产和销售，就是小超市、餐饮店使用的那些扫二维码即可支付的'小盒子'设备。

　　"随着电子支付设备的兴起，支付场景越来越多了。因此，虽然我们前期取得了不错的成绩，但是仍然承受着较大的创新压力。自动售货机支付、扫码枪、NFC[⊖]支付等技术都在兴起。我们不希望自己辛苦打下的良好局面被后来者颠覆。于是，公司下决心引进人才。毕竟，人才是创新与活力的基础。"

　　"特别认同。"我赞叹道。

　　"于是，我们提高了对公司新入职员工的要求，让人力资源部门只招聘大学本科以上学历的员工，重点关注'985''211'大学的毕业生，但实际效果却不怎么好。"

　　实际上，企业在招聘关口"唯学历论"，是一种偷懒的行为。它们默认学历高的人当中具备优秀能力的人较多，本质上是想走捷径。它们不愿意花更多的时间，通过大量的面试来筛选真正优秀的人才，而仅仅是寄希望于一个假想中的"大概率

　　⊖　近场通信（Near Field Communication，NFC），指非接触的通信技术。在支付领域的应用是指无须扫码或者接触就能完成扣费。

游戏"。它们认为，高学历的人中，出人才的概率比较大。

学历和能力的关系

那么，学历和能力之间，到底有没有关系、有多大关系呢？

哈佛大学、伦敦大学学院和哥伦比亚大学的学者曾经开展过一个为期数十年的个人成长追踪计划。他们精选了哈佛大学、麻省理工学院、加利福尼亚大学等多所著名学府的毕业生，追踪这群人获得的薪资和卓越成就与没上过好大学的人获得同样薪资和卓越成就的人数比例，发现两者之间没有明显差别。[⊖]

这项研究证明，学历和能力之间没有直接的关系。高学历者可能因为更适应在学校学习、更善于研究细节而获得专家的称号，而低学历者往往因为"同理心""洞察力""持续学习能力"等品质，反而能在实践中锻炼出卓越的能力。

因此，单纯依靠学历来判断一个人是不是人才，这种方法并不可取。同时，我们知道，在面试环节中，面试官很容易犯"近似性"的错误。

这些错误叠加起来，让企业的招聘工作难上加难。

⊖ 见系列文章《既然学历不代表能力，为什么企业还是更青睐高学历？》《你的未来，取决于持续学习的能力》。

优秀的人有两种

"结合现实中遇到的情况，你觉得真正优秀的人才都是什么样的？"我启发她。

她略微沉思了一会儿，然后回答道："在我的印象中，尤其是在我们的圈子里，真正优秀的人才只有两种：一种是那些学历不高但是实战经验丰富的人，他们的洞察力很强，似乎总能看透人性；另一种就是学历很高，比如博士那种专家级别的人，针对性地解决一个专业问题的能力很强。"

"你的感受和我的想法惊人地一致！"我给她讲了一个我亲身经历的故事。

> 大概在 20 年前，我那时候在上海读书，因为读的是电子工程类学科，所以非常重视实践能力。大学二年级时，学院的教授就喜欢带一些头脑灵活的学生去企业实际参与一些项目。
>
> 有位姓陈的教授，带我来到了江苏扬中一家做火力发电设备的公司。我们从上海坐火车到扬中，这家公司的老板亲自开车来接我们。一见面，他特别高兴，说自己没上过什么学，也没怎么读书，因此很感谢我们能来支持这种高科技的项目。
>
> 当时，他想利用电子设备完成一套火力发电中实现碳充分燃烧的系统。这套系统安装到发电厂的烟囱中，时刻检测烟囱中排出气体的碳含量。一旦碳含量超过预设值，系统就会自动启动一个

特殊的风扇，把气体扇回燃烧炉。这样，一方面可以确保碳经过了充分燃烧，降低火力发电的成本；另一方面可以减少排出气体中的粉尘，满足国家的环保要求。

见这位老板这么坦诚，我说："你很厉害，能把公司做得这么大。"其实，我当时并不知道他的公司规模到底有多大，但这句话"点燃"了他，从火车站到公司这一路上，他滔滔不绝地讲起了他的创业史。

2002 年，他的企业规模是 8 亿元，公司里人才济济——有博士学位的人占 12%，硕士学位的占 24%，本科学历的占 37%，其余都是大专生。这些数字引起了我强烈的好奇心，为什么这群高学历的员工要为这个小学毕业的老板打工呢？

事实上，从他能亲自开车来接我们这件事就能得出上述问题的答案。简单来说，这位老板因为自身的学习经历很少，所以比其他老板更在乎公司的人才建设。他为优秀的人才提供了超一流的待遇，同时尊重公司里人才的想法，遇到大事，先找核心高管商量后才做决策。

此外，他还能够处理高级知识分子之间的矛盾，让大家团结一心。因此，公司里面人才济济。

超级专家是优秀的人，这个不用多说，但很少有人能解释

为什么连初中教育经历都没有的人，手下能拥有这么强大的一支团队，从而获得卓越的成就。

　　我很好奇，于是问他，到底是什么让他能够组建一支这么强大的队伍。

　　他的回答，给了我巨大的启发。

考察候选人：学习力和思考力

　　扬中的这位老板认为，一个人的起点、出身并不重要。假如我们出生在旧社会，出身可能会决定一个人的一生。现在不同，一个人可以做任何不违反法律法规、积极向上的事情，来实现自己的理想。但你必须具备两种能力，那就是持续学习的能力以及深入思考的能力，这两种能力能帮助你构建洞察力。

　　他后来选择创业伙伴的时候，也按照学习力和思考力这两个标准来筛选合适的人，没有一个人是随随便便选择的。后续在公司扩大规模招聘新团队时，也从没有放弃考察候选人的学习力和思考力。因此，他打造了一支能适应变化的团队。

　　公司发展到我们到访时的规模，至少经历了三次巨大的变化。业务由为发电厂提供燃料煤的运输服务，到为发电厂提供高压精密变压器，再到进行发电厂的智能化改造，参与环保项目。同时，公司因为能给客户提供良好的服务，在发电厂领域积攒了卓越的口碑，市场扩展顺利。2008 年，这家公司已经达到 40 亿元的规模了。

　　学习力和思考力是企业考察人才的唯一标准，在激烈变化的时代尤为如此。学历、大型企业工作经验、资源调用能力都不能取代这个标准。学历仅仅代表过去对标准和知识的掌握能力，在大型企业工作所积累的经验可能正是企业在新时代发展所要颠覆的，真正的资源调用能力往往是价值交换而非彼此照顾，而一个人的学习力和思考力是他能为别人贡献价值的基础。

这也解释了为什么美国有很多顶级科技公司，如 Facebook、Alphabet（谷歌的母公司）、SpaceX 等，很多年前就取消了只招聘大学毕业生的规定，反过来通过提出没有标准答案的，诸如此刻纽约上空有多少架飞机之类的问题，来考察求职者的综合素质。

比起获得这些问题的答案来说，这些公司更在乎的是候选人分析问题、寻求答案的学习和思考过程。它们希望求职者能够先通过学习来确定和掌握问题的本质，再通过思考来提出解决问题的思路。

学习力和思考力，才是招揽天下人才的标准。

"你说得太对了，真让我醍醐灌顶！"听完我的故事，这位女士站起身来，激动万分。

盲点扫描

1. 评定人才，主要看他有什么技能

对于人才的评定，不能用过于简单的评判标准。

比如，我们评判一个人是不是公司所要的人才，不能仅仅用学历、能力和态度这种简单的标准来进行判断，否则就会把部分人才筛选掉，把不合适的人招进来。

2. 面试是有效的人员筛选办法

一般的面试通常不能起到管理者所期待的作用。

面试只是跟候选人聊聊之前的经历并核实其话语的逻辑性，并不能起到筛选人才的目的。把公司所遇到的难题丢给他，不是为了寻找答案，而是观察他解决问题的思路，寻求背后关于学习力和思考力的基本素质。

3. 招聘选择有经验的人就行了

在不确定性时代中，缺乏学习力和思考力支持的工作经验，极有可能是正在被颠覆的。

这是一个巨变的时代，缺乏学习力和思考力的人所具有的经验，很可能是"一年经验用十年"，而不是真的"有十年工作经验"。

案例 03 公司培养的人留不住，是人才的错还是老板的错

这家从事生物医药行业的公司，特别重视公司人才梯队的建设。公司创始人是海外著名高校生物学、医学博士，创始团队成员也都来自国内外著名大学。他们对自己公司价值做出的判断十分准确，生物医药领域的公司，没有大型设备，没有土地资产，而且产品往往需要经过数年的研发才能展现其商业价值，所以短期内也没有收入。这意味着在产品没有研发出来投入市场之前，公司几乎没有任何资本上的价值。

那么，这类公司到底有什么值钱的地方呢？

人才，以及他们背后的智力资本！

公司依赖于优秀的团队，在资本市场中，融到了早期的发展资金，因此特别注意公司人才的培养，但效果却不是很好，大量员工离职。创始团队很困扰，所以参与了微咨询活动。

"董老师你好，我们公司是做药物纳米分子靶向载体的。你熟悉这个行业吗？"

"这么专业的领域，还是请你简单介绍一下。"我回答。生物医药行业有无数细分领域，一个优秀的咨询顾问必须善于学习新的知识。

"普通的药物，比如消炎药，进入人体后，通过血液循环在体内全面起作用。一个人可能仅有轻微的胃炎，但因为药物被运输到人体的所有器官中去了，对胃部的消炎能力会减弱。那么为了提高胃部消炎效果，人们只能增加药量，造成恶性循环。而我们采用了一种纳米分子药物载体，这种载体具有靶向性。"

"相当于GPS。"我回应道。

"对，你这个比喻非常精准。纳米分子药物载体就相当于自带一个'导航系统'。它会把药物送到病灶，而不是在身体里乱跑。"

"这很厉害，而且非常有意义！"

"是的，我们的产品一方面防止患者过度用药；另一方面可以用极小的药量治愈疾病。"

"那你们的客户是谁？"

"我们的主要客户是大型制药厂。"

"非常棒！那么，你遇到了什么问题？"

"我们这类公司最大的资产就是人才，因此，公司在获得了基础的融资收入和市场收入后，花大力气培养公司内部的人才，但效果却不好，员工大量离职。我想知道这是为什么。"

公司培养人，他自己知道吗

"你能说说公司培养人的方式吗？"

"公司是技术至上的文化，整个团队缺乏商业意识。我们花了重金，请很多商业领域的导师来公司上课，希望能提升公司员工的商业思维。我们还鼓励公司员工攻读 MBA、EMBA，如果他有意愿，我们支付一半的学费。同时，我们也在公司专门划出一个区域，布置了图书馆，精心挑选了很多商业书籍，中文外文的都有，但响应的人寥寥无几。"

"那你采取了什么措施来改善这种情况吗？"

"嗯，虽然知道不太对，但是后来公司采取了一些半强制性措施，比如把学习进步的成果与人力资源的考核联系起来，并赋予了比较大的考核权重。"

"于是，开始有人离职？"

"是的。"他百思不得其解。

这位创始人不知道，对任何人来说，学习都是一个需要做出改变才能发生的行为。改变，则意味着一定程度上的痛苦，所以如果不能激发大家自身的动力，很难通过强制或半强制的手段来实现真正的学习。

我在纸上画了三个互相嵌套的圈：最里面一层是舒适圈，中间一层是学习圈，最外面一层是恐惧圈，然后指给他看。

"在心理学上，大致有这么三种状态。人在心理上最舒服的时刻是处于舒适圈里面。为什么我们喜欢和家人、朋友相处，因为我们彼此熟悉，可以展现最率真、本我的一面，而不必感到任何紧张或者警惕。学习心理学认为，已经掌握的知识其实就是在舒适圈里面，对应的是我们擅长的领域。

　　"你的公司招聘的都是生物、医药技术专家，因此，他们已经掌握的知识是生物、医药知识，他们特别擅长这个领域，这是他们在学习心理中的舒适圈。商业知识是他们没有掌握的知识，甚至他们可能没有最基本的基础。

　　"我想请问你，公司员工是否在自己所熟悉的生物、医药领域中，能够持续进修和学习？"

　　"是啊，你说的对，这也是我疑惑的地方。这三个圈的概念我是知道的，我觉得我们公司这些员工也知道这个道理。他们都能在自己的专业领域中学习，所以我觉得他们走出舒适圈是没问题的！"

　　"你说的没错，但你忽视了另一个学习发生的心理学机理，就是认知心理学家皮亚杰对同化、顺化认知过程的解释。"

　　他瞪大眼睛看着我，期待我继续说下去。

　　"所谓同化的认知过程，其实是指人在接受外界的新知识的过程中，会把新的内容经过思考、消化，放到自己大脑中已构建的知识体系中去，使其成为原有知识体系的补充。比如，你公司的员工通过多年的专业学习，头脑中已经构建了生物、医药方面的知识结构，甚至可以说是'知识大厦'。对他们来说这个领域内的任何新知识，都是'知识大厦'的一块砖。他们能很快同化这个领域内的任何专业技术发展所孕育的新知识，提升自己的认知。

　　"顺化的认知过程，则发生在面对全新的知识时。因为自己头脑里没有那座'知识大厦'，所以只能调整已经形成的知识结构，来理解全新的知识，相当于重建一座全新的'知识大厦'，从底层结构上改变自己的认知。这个难度比同化学习大得多。

"简单来说，同化学习是用外面的砖填到自己的大厦里来，而顺化学习，特别是跨领域的顺化学习是要重建一座结构完全不同的大厦，难度可想而知。"

听完我的话，他若有所思。

"你的意思是，我们的员工学习商业知识，是在另一套逻辑之上来构建新的大厦。"

"是的。"

"所以，公司后面采取半强制的措施来鼓励学习，员工不认为这是培养人，而是刁难人？"

"给你点赞！"不愧是高智商人才，一点就透。

"老师，听你这番话，胜读十年书！"他立即找到了公司大批高端人才离职的核心原因，在心理上，他们认为自己被老板和公司刁难，而不是培养。

很多时候，你想培养一个人，这个人能否深刻了解你的意图是成败的核心原因。公司想培养人，他自己知道吗？

涨工资为什么留不住人才

"老师，那我们怎么办？能用涨工资来留住他们，并鼓励他们学习商业知识吗？"他继续问道。

"你觉得如果换成自己，企业给你提高工资，让你去做你自己不喜欢的事，你会不会接受呢？"我反问道。

"不会！"他脱口而出。然后，表情黯淡了下来。

"工资不是解决问题的办法。赫茨伯格有个双因素激励理论认为：工资、分红、股份、工作环境这些物质性的因素，对真正的人才来说没有激励作用，仅仅起到了保健作用。也就是说，工资高、环境好，能让员工对自己的工作不产生抱怨；如果想要激励他们奋发努力、积极改变，还需要动用诸如'感到受到尊重''自己的意见受到重视''自我价值能够实现''成长的需求得到满足'等方式。"

"这不是马斯洛需求层次理论⊖的内容吗？"他立即醒悟过来。

"是的，真正起到激励作用的是需求金字塔上层的因素。"

"原来如此！我明白了！"他感慨道。

这是一个巨大的盲点，无数管理者认为，只要涨工资就能起到激励的作用。于是，他们无论如何都理解不了，为什么刚刚加薪的两三个月里，员工干劲很足，之后就又恢复原样，甚至还不如原来了。

加薪的底层逻辑是公司想要雇用的是员工的技能，加薪是给技能标了个高价，工作还是由员工来完成。亨利·福特曾经

⊖ 马斯洛需求层次理论是心理学中的激励理论，包括人类需求的五级模型，通常被描绘成金字塔内的等级。从层次结构的底部向上，需求分别为：生理（食物和衣服）、安全（工作保障）、社交（友谊）、尊重和自我实现。

说："我明明只想雇一双手，为什么来了一个人？"技能是有价格的，人没有。人有除了金钱之外的其他需求，虽然很多人自己都不知道这一点，但是任何人都需要被尊重，有成长空间，有自我价值。如果公司不注意这些，加薪仅仅能提高员工"受委屈"的上限，却无法真正地激励他们。

人才的核心需求

"那，我们怎么办？"他问道。

"你认为真正的人才核心需求是什么？"我启发道。

"自我成长？但他们不乐意学习啊！"

"不用怀疑，自我成长绝对是人才的核心需求，不乐意学习也是事实。"我笑着说。

他疑惑地看着我。

"检验一流的智商的标准，就是在头脑中同时存在两种完全相反的想法，但仍然保持行动力。"

"菲茨杰拉德！"

"没错！"我肯定道。"严格来说，不是他们不愿意学习，而是你需要引导他们去进行顺化学习，构建关于商业的知识体系，打好一个新的知识大厦的'地基'。公司里那些优秀的人才，在同化学习上毫不费力，但是出于年龄或者经历的原因，他们不乐意接受或者看不起商业知识，在他们心目中，技术才是王道。这也是他们能够成为技术专家的原因。

"我们需要采取一系列的办法，让他们意识到商业问题其实跟技术问题是互补的。我给你三个问题，你回去问问他们，看看效果如何？

"第一个：持续的技术研发投入，需要什么来支持？

"第二个：历史上有没有技术很先进，但没有发展起来的产品？

"第三个：为什么有些产品，比如互联网的 TCP/IP 协议、计算机的键盘布局并不是技术效率最高的，却能大行其道，为世人所接受？

"技术与科学不同，科学研究可以完全不考虑应用和商业化，但技术必须考虑商业化。"

"你说的太对了！"他赞叹道。

优秀人才的核心需求绝对是自我成长、自我价值的实现。一家优秀的企业不能忽视这一点，否则就无法吸引真正的人才。真正的人才最明显的特点就是，他根本不愁没地方去，任何公司都想要人才。他也不愁自己的工资，任何想挖走他的公司都能提供让他衣食无忧的工资、股权。所以，靠给工资、给股权来挽留人才根本就是虚无缥缈的。反过来，真正的人才会珍惜给他发展空间、激发他梦想，让他能够自我实现的公司。短暂的收入降低也无法改变他的选择。埃隆·马斯克吸引美国顶级火箭专家汤姆·穆勒加入初创的、九死一生的 SpaceX 绝对不是靠丰厚的工资和极具价值的股权，而是在他"移民火星和回收火箭"的使命背后，巨大的个人成长与自我价值实现的空间。

想要优秀人才，尤其是那种超级优秀的人加入你的企业，你必须知道他们的核心需求！

盲点扫描

1. 认为所有的学习都是无差别的

同化学习和顺化学习的难度是不同的。同化学习对有一定知识积累的人来说非常容易，不需要做出巨大的改变；顺化学习则不然，需要构建新知识大厦的"地基"。

2. 学习型组织[一]可以通过强制行政命令来建立

你可以通过强制行政命令让一个人搬几块砖，但无法强制他在大脑里面想什么。

3. 涨工资可以激励员工的干劲（高工资可以吸引人才）

真正的人才是无法靠钱吸引和留下的，干劲也不是钱可以激励出来的。可能你的确遇到过给高薪能让人才听命令的事情，但对高级知识型人才来说，这套是行不通的。他们会看到工资背后的本质，认为是公司非常认可他们。但如果公司的领导和制度没有给他们真正的认可，他们是不会被钱激励的。

一　Learning Organization。

案例04 失败了三次，我还能信他吗

　　这家给大牌贴牌生产鞋子的公司请了一位品牌营销的精英做品牌总监，他先后三次试图将产品品牌化，却都遭遇了失败。造成第一次失败的原因是搞错了品牌定位，这位操盘者认为公司可以在童鞋领域中创造一个品牌，却遇到了销量不佳、打不开局面的状况。第二次，他认为公司应该提供潮牌鞋子，于是花费不菲找了非常有名气的设计师设计款式，却遇到了生产难题。第三次，他综合前面两次失败的经验，认为女款运动鞋是公司品牌突破的方向，却陷入了竞争的红海。

　　公司前前后后在品牌化项目上投入了5000多万元，却毫无进展。老板甚至有点后悔当初自己花了很大的力气挖来这位品牌总监，但他仍旧不死心，因为公司除了品牌之路外，已经无路可走了。

"董坤老师，我想请教你，是不是我们的品牌之路有问题？很多人都说，代工（OEM）公司缺乏品牌基因，所以我们才重金外聘了品牌总监，但是他屡次失败。我想知道，构建品牌之路这么难吗？"

他似乎很着急，根本没有寒暄就直接提出了想要咨询的问题。

"我不这么认为。我反而认为 OEM 公司想要实现转型的最短成功路径就是品牌化。"我给出一个确定的答案。

"你的意思是？"他似乎被三次失败打击得失去了信心，见我肯定他的想法，反倒有些困惑了。

"OEM 公司经营多年所形成的核心竞争力就是生产优质产品的能力。比如，你是做鞋子代工的，你对生产熟悉，对材料熟悉，对制造整体流程、成本把控都熟悉，甚至可能还引进了自动化生产线，否则很难接到大品牌的代工订单。"

"没错，的确正如你所说，这些我们都熟悉。实际上，生产出一双高质量的鞋子并非简单的事情，材料、胶水、精益流程、成本管理、员工管理、自动化产线、订单、采购，很多要素都需要通盘考虑。

"我觉得，对没有生产经验的人来说，我们的确有巨大的优势。这也是我有信心做品牌的原因。凭什么品牌商可以赚取品牌溢价，现在还因为跟我们完全不相干的因素来缩减我们的订单，我们自己为什么不能做品牌呢？"

"没错！"我肯定道。"公司变革很难成功，能成功的，往往是在公司自身积累的核心竞争力和竞争优势附近来寻找机会。所以，我认为 OEM 公司最便捷的转型路径便是品牌之路。"

"可公司失败了三次了！我花巨资找猎头挖来一个品牌总监，他三番五次地让公司赔钱。现在，他又提出一条思路，我还该不该信任他？"

"我给你讲个商业案例。IBM 公司你应该听说过吧？"

"那肯定，我们这个年纪的人没有不知道这家公司的。"作为咨询顾问，你必须找到一个客户熟悉的公司案例来给他讲明白你想要表达的内容。学习等于用已知去消化未知。如果一个案例中有太多的未知，那么听众根本无法听懂你想表达什么。

> IBM 创始人沃森，在创办企业的初期雇用了一个销售人员。有一次，这个销售人员因为工作失误，给公司带来了 1000 万美元的损失。这几乎是 IBM 两年的利润。这位销售人员知道自己做错了事，心情十分忐忑，他认为他的老板一定会解雇他，弄不好还会让警察带走他。在那个年代，1000 万美元可是一笔巨款。
>
> 当老板叫他去办公室的时候，他浑身抖得厉害，两条腿都软了。沃森见到他，一言不发。他只好唯唯诺诺地问："老板，你是不是要解雇我？"如果老板要解雇他，他打算连自己的东西都不要了，立即走人。如果老板要让警察带走他，他决定放下一切尊严，求他别这么干。
>
> 接下来就是短暂的沉默，但对他来说，仿佛

过了一个世纪。

终于，沃森咆哮着吼道："你开什么玩笑，你做梦吧，我刚刚在你身上投资了 1000 万美元，怎么会解雇你？"

后来，这位销售人员成为 IBM 全球副总裁，为公司的发展做出了巨大的贡献，带给公司的盈利又何止 1000 万美元。

听了我讲的案例，他沉默了良久，然后喃喃自语说："想做大事，需要有格局。"

这和很多人的反应是一样的。大家几乎都认为这个案例是个关于"老板格局"的事情。如果你也这么想，那么，可能我要提醒你，未必所有有格局的老板都能像 IBM 的沃森这样，真正地为公司培养出一个人才来。

原因何在呢？

失败不是问题，关键是失败之后的行动

任何一家伟大的公司都是犯过错误的孩子，但不是所有犯过错误的公司，都能变得伟大。任正非曾说，有些人没犯过一次错误，因为他一件事都没做。而有些人在工作中犯了一些错误，但他管理的部门人均效益提升很大，我认为这种干部就要用。对既没犯过错，又没有任何改进的干部可以就地免职。

这意味着，失败不是问题，关键是失败之后的行动。

如果我们无法从失败中学习，获得杜绝再次犯错的能力，那么，这个错误我们就白犯了。如何才能从失败中获得收益，这首先要求我们重新定义失败。

刘澜在其领导力课程中说，任何一件事只需要被重新定义，都可以找到其正面的作用。例如失败，我们可以对其进行重新定义。

● **失败是善意的警告**

当公司规模还小或者公司处于低位的时候，失败往往是善意的警告。这时候，就算是犯错，也不会有什么颠覆性的巨大损失。如果能从错误中吸取经验，就会避免将来犯更大的错误，遭受更大的损失。

● **失败是成功的过程**

如果你认为自己一个错误都不犯就可以获得成功，那么只能说你把成功的标准定得太低了。任何值得庆祝的成功，都是失败的孩子。失败，是走向成功之路的必备要素。

● **失败让我们发现另外的机遇**

有些错误不仅是善意的警告，还可以让我们发现另外的机遇。一件事这样做犯错了，换种方式就可能成功。失败是发现新机遇的开始。

● **失败可以提升自我的认知**

失败可以让一个人、一家企业重新认识自己。自己是谁？想要干成什么事？还缺乏什么样的条件和能力？是否需要别人的帮助？自己能贡献什么价值？

适当的挫折是成长的动力，成长从提升对自我的认知开始。

● 失败是格局的养成

虽然 IBM 沃森的案例不单纯是关于格局的，但是容忍下属的错误和失败或者仔细分析自己的错误，是格局养成的必要条件。

● 失败是学习的机会

认知心理学家认为，遭遇失败带来的压力是促进学习的动机。压力与学习动机是倒"U"形曲线的关系。适当的压力可以促进学习。同时，失败是因为我们做错了某件事，那意味着我们对这件事还没有彻底了解，因此，将失败视为学习的机会，是一个人保持进步的不二法门。

● 失败是命运的眷顾

很多人认为失败是一件倒霉的事，实际上，你可以将它理解为命运的眷顾。任何伟大的成功都是从失败开始的，没有人能够不犯错就获得卓越的成绩。失败来了，让我们能够发现自己身上潜在的隐患、知识的欠缺、技能的缺失，以便在更大的机遇来临前做好准备，这难道不是最好的运气吗？

失败不是问题，关键是失败之后，你采用什么思维来理解它，采取什么行为来纠正错误。

如何分析失败

从失败中获益，不仅需要对失败进行重新定义，更要分析失败。

失败可以分为三种类型：坏失败、中性失败和好失败。

1. 坏失败：偶然性导致的失败

有一种失败是犯错的人无视规则、粗心大意造成的。显然，企业不能鼓励这种失败的产生，但可以通过这些坏失败来反思规则和员工的"选、用、育、留"。员工无视规则，管理者首先要确定的是到底员工有问题，还是规则本身有问题。如果规则阻碍了员工的工作，或者特别违反人性，那么就应该修改规则。如果大多数员工觉得规则能够促进工作的开展，只有极少数员工不愿意遵守规则，那么，无视规则才有可能是员工本身的问题。

粗心大意造成的失败，也可以通过建立制度或者进行刚性限制来避免。比如，管理者可以设计一个双人或者三人检查制度，或者需要三个按钮才能启动的装置，避免在不安全的情况下启动机器，从而阻止生产伤害的事情发生。

企业不应鼓励坏失败，但也可以从中学习。

2. 中性失败：模糊性导致的失败

中性失败往往是因为模糊性产生的。犯错的人可能不具备相应知识，所以造成了失败。他也可能是能力不够，或者对确定的风险没有足够的意识而遭遇失败。再就是某种工作流程可能本身就有缺陷，所以给员工的工作带来了失败。

中性失败很容易解决，只需要将模糊的东西搞清楚：不具备相应知识的，把相关的知识传授给他们；能力不够的，提升能力或者换上有能力的人；缺乏风险意识的，通过培训来提升风险意识；如果工作流程有缺陷，那就迭代流程。

虽然整体的优化未必像说起来那么容易，但是所有导致中性失败的原因都能被找到，而且能被解决掉。

最麻烦的是第三种失败。

3. 好失败：复杂性和不确定性导致的失败

有一种失败是复杂性和不确定性导致的失败。前路未知，根本没有参考的标准，而且一开始做事的人根本不知道自己的某种做法是正确的还是错误的，直到结果显现那一刻才能真正发现问题。

这种失败却是值得鼓励的好失败。

好失败是当团队面对难料风险开展积极创新时所必然会经历的。复杂性和变易性所带来的不确定，让任何具有颠覆性意义的创新都会面临巨大的失败风险。

鲁迅说："其实地上本没有路，走的人多了，也便成了路。"如果将这句话引申到"创新"这件事上去，其背后的哲理相当丰富。

变革、创新，从来都是开拓性的工作。如果企业能实现一项有意义的创新，必然能获得巨大的发展。企业首先要考虑的就是如何通过不断尝试，找到最优选择。在这个过程中，任何人都难免犯错，但这种错误是值得奖励的错误。

如果你的企业里有一个团队是从事创新工作的，那么，请鼓励团队成员犯错，并从中学习。任何伟大的成就都是从一次又一次的失败当中获得的。

从失败中学习

"董老师，你的话真令我醍醐灌顶，这是我第一次开悟啊！"听我说完这些，这位老板不免激动万分。他明白了一件事：自己花在暂时失败的新项目上的5000万元，不过是为走向成功而交的"学费"。失败并不可怕，只要能从失败中学习，时间、资金就不算浪费。

他决定，拿着这些微咨询时做的笔记回去认真思考，然后再来决定是否继续信任这位高薪聘请的品牌总监。不论如何，他认为，自己一定会坚定不移地走品牌创新之路。

我也从帮助他人的过程中获得了成就感。以上知识，是我从一位特别受人尊重的老师⊖那里学来，并融会贯通应用于工作之中，能帮到困惑的管理者，真令人开心。

盲点扫描

1. OEM 公司做不了品牌

OEM 公司最优的转型变革之路其实就是开创自己的品牌。只不过，不能依赖于原有的思维方式来进行这种创新。很多 OEM 公司将新的品牌团队和生产型团队放

⊖ 领导力学者刘澜，著有《领导力必修课》等书。

在同样的办公场所，并按照原有的制度和计划进行管理，这往往是导致失败的原因。

颠覆性创新之父克莱顿·克里斯坦森[○]认为，创新团队必须与原有团队进行物理性隔离，同时，在企业的资源、流程、价值观中，只有企业所积累的资源可以向创新团队传递，流程和价值观都不能沿用原来的。创新团队需要在创新的过程中，自己建立自己的流程和价值观。

2. 失败是件倒霉的事

悲观的人遇到失败认为是件倒霉的事；积极乐观的人会重新定义失败，从失败中学习，从而获得最终的成功。

○　本章部分观点引自其全球流行的著作《创新者的窘境》。

第二章

CHAPTER 2

构建第二曲线

时至今日，很多企业都需要构建第二曲线。企业的发展是有生命周期的，伊查克·爱迪思⊖认为，企业生命周期遵循以下脉络（见图 2-1）。

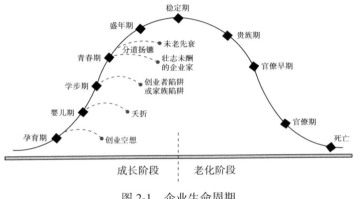

稳定期

盛年期

分道扬镳 ⋯⋯ 未老先衰

青春期 壮志未酬的企业家

学步期 创业者陷阱或家族陷阱

婴儿期 夭折

孕育期 创业空想

贵族期

官僚早期

官僚期

死亡

成长阶段 ┊ 老化阶段

图 2-1 企业生命周期

任何一家企业，或者说让企业脱颖而出的战略周期，都遵循企业生命周期的规律。用朴素价值观来理解就是：没有可以永远制胜的"一招"。企业必须不断地寻找新业务，或者用新方式来做老业务，才能获得持续的发展。

然而，在爱迪思的分析中，我们可以看到企业如果想要成长壮大、变得成熟，就必须经历一个逐渐僵化的过程。如果企业缺少这个僵化固定的过程，就无法持续提高效率、获得稳定收入。效率的提升就是要找到最优的固定流程，然后僵化下来。

⊖ 伊查克·爱迪思（Ichak Adizes）是全球最有影响力的管理学家之一，是企业生命周期理论创立者，组织变革和组织治疗专家。

　　查尔斯·汉迪认为，处于稳定期的企业很难自己打破僵化，只能逐渐衰退。在这之前，企业可以主动孕育第二次生命周期，寻找发展的第二曲线。

　　如今，很多的民营企业正面临着构建第二曲线的阶段。如果企业不开展创新活动，原有的产品、服务、经营方式、商业模式、团队能力等都很难适应当下的商业环境和未来的发展趋势。

　　构建第二曲线并没有那么容易，从某种程度上来说，这个过程相当于第二次创业。那么，企业要在什么时候开始布局第二曲线呢？它们要如何做才能达到自己的目的，让企业生命再次焕发活力？打造第二曲线的方向在哪里？

　　本章将通过四个案例，带领读者初窥构建第二曲线的门径。

案例 05 在阳光灿烂的时候修屋顶

这家公司成立有 23 个年头了，创始人在住宅房屋装修领域里有着非常丰富的经验。公司从地板砖做起，后来生产并销售实木地板、免漆木门、橱柜、卫浴洗手台等一系列产品。最近，随着地产市场增量的萎缩，公司销售额大幅度下滑。

同时，企业还面临着传承问题。创始人年逾古稀，希望能将自己辛苦奋斗一辈子打造的企业交给 40 岁的儿子，但父子俩对于公司的发展有着不同的看法。

他们找到我，希望我能为公司指出一条未来发展之路。

"董老师，我们公司曾经有过引领市场的辉煌时刻。我们公司是第一批进行地板瓷砖市场推广的，可以说，我们普及了家庭装修中需要铺地砖的理念。之后，在实木地板、免漆木门、橱柜等领域，我们公司几乎都是生产和销售的第一梯队。"创始人说起公司曾有的辉煌，眼睛里闪烁着炽热的光芒。

"非常了不起！教育市场是最难的！"我赞叹道。

"可是，如今公司遇到了巨大的难题。现在地产经济不景气，还有全屋定制的服务商提供更全面的服务。我们公司几乎沦落到要给别人做供应商的局面了。要知道，我们之前做了很久的自有品牌，现在人家找我们做贴牌，这种感觉真不好受。但如果我们不接受，公司的业务来源萎缩，整个公司上千人该怎么办啊？"说起困难，他的眼神黯淡下去了，然后，看着自己的儿子。

"你们之前有想过什么办法吗？"我问道。

"他在前几年曾经提出过全屋定制装修的想法，但我没同意。"创始人指着自己的儿子说。

"我认为，全屋定制装修需要的产品系列太多了，而我们公司一直都是自己生产自己的产品。十年前，公司定了一个方向，围绕着家装市场中的木制品，比如木门、橱柜、实木地板、床架、卫浴木柜、书架等产品来发展。全屋定制装修，需要有设计、硬装修（墙体、水电、地板、墙面、吊顶等）和软装修（窗帘、装饰、灯具、家具等）一系列产品链条，很多东西我们企业没有优势。所以，我否定了他的想法。"

我沉默了一会儿。

"不过，现在我知道，当初我不该否定他，应该让他试试。只不过，我也有我的理由，那时候公司的传统业务正如日中天。我觉得他在那时候提出来想要分身去搞全屋定制装修，会耽误公司获得收入。毕竟，传统业务正在快速赚钱，没必要这时候分神去搞新业务嘛。现在看起来，我有点短视了。"

多数上了年纪的企业家往往非常有个性和信心，这位创始人能如此反思，看来公司目前真是遇到了极大的困难。反思，往往发生在困难所带来的压力之下。

我认为，目前他做的反思还是浅层次的反思，他需要更深刻的反思。

应该什么时候开始构建第二曲线

"你开始反思当初阻止儿子开创新业务的想法了，是吗?"我需要确认一下创始人是否真的认真反思过这件事。只有确认了他对待失误的态度，我下面说的话才有可能被他听进去。咨询顾问必须理解：你说了什么不重要，对方听进去什么才是关键。

"是的，董老师。"老董事长的儿子替父亲回答说。"我父亲后来因为这件事跟我道歉，他可不是一个经常道歉的人。"

"非常棒! 反思是进步的基础。如果你能进行更深入的反思，那么将能够学到更多。你知道'三环反思'吗?"

"不知道，董老师，你能教教我们吗?"父子俩目光灼灼，我能看出他们的期待和盼望。

"反思，可以分为三个层次。第一个层次是反思自己的行为，就像老董事长做的那样，认为自己当初阻止你开展创新项目的行为是错误的，向你道歉。这是第一个层次的反思，即反思行为。"我看着老董事长的儿子说。

"第二个层次是反思目标。任何行为都有一个目标，我们做一件事，背后一定有个目标。因此，更深层次的反思是反思这个目标到底对不对。"

他们点点头，继续听我说。

"刚刚老董事长讲述否定全屋定制装修时，说'我也有我的理由'，这个理由其实是说明了阻止小董事长创新这个行为的目标——怕影响当时最赚钱的生意，对吗？"

"是的，当初我就是这么想的。"老董事长的语气有点委屈，他尚未发现自己的目标可能有问题。

"那么，我们现在反思一下这个目标，对吗？"我继续问。

他沉默了一会儿，回答说："不对！"

"要在阳光灿烂的时候修屋顶。有的时候，我们觉得这是一句废话，谁会顶着瓢泼大雨修屋顶呢？可是，如果把这句话结合企业的创新和构建第二曲线的战略，你会发现，只有极少数人能做到在企业发展最顺利的时候，开始思考第二曲线战略。现在，你可以思考下阻止小董事长去构建第二曲线的目标是否正确。"说完这段话，我给了他们一个讨论和思考的时间，让他们开始反思自己的目标。

10分钟后，老董事长承认，自己阻止了儿子"在阳光灿烂的时候修屋顶"。

　　"现在，我们开始进行第三个层次的反思，即反思心智模式（信念的组合）。为什么我们会树立错误的目标，其原因在于我们的信念和价值观认为，企业的核心是创造利润，也就是说，我们开公司是为了营利、赚钱。

　　"但企业其实还有另一个目标，那就是为自己的客户创造价值。假如一家企业可以通过创新来为客户创造价值，那么获利难道不是自然而然的吗？"

　　说这些话的时候，我的语气很轻，但他们的反应告诉我，他们的内心受到了巨大的震撼！

　　"你说的对！我当初创业也是想要把最好的产品提供给我的客户，为客户打造一个高品质、舒适的家。正因为这样，我们才能多次引领行业的发展，为客户提供最好的产品。在公司走上规模化发展之后，员工人数越来越多，我的思想开始转变了。因为，公司有一大群员工，每到月初，公司必须支出金额巨大的工资。

　　"同时，公司还需要不断地优化升级生产设备、生产流程，还要打造品牌、建渠道，因此，资金处处匮乏。在这样的压力下，我的信念变了，我更在乎业务能否赚钱，而忘记了自己创立公司的初心！"老董事长终于做出了最深刻的反思，他看到了自己行为背后的核心是信念和价值观的变化。

　　父子俩在深层次上达成了互相理解，激动万分！

必须接受短期业绩下降

发展创新项目、构建第二曲线，很多时候不但会影响企业现有业务的效率，而且可能因为投入资源而造成短期业绩的下降。这是很多管理者很难在"阳光灿烂的时候修屋顶"的核心原因。除非你能在信念上不断地拷问自己，我为什么要办这家企业，我的核心目的是什么，才能坚定不移地在企业现有业务最好的时候，做出下一步创新的布局。

查尔斯·汉迪认为，企业在构建第二曲线的时候必须接受短期业绩下降（见图 2-2）。

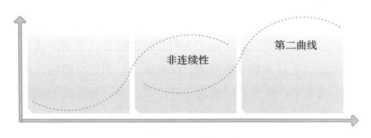

图 2-2　企业的第二曲线

第二曲线战略当中，有个重要的阶段是非连续性阶段。汉迪认为，因为构建新的增长战略需要投入人力、物力，有的时候还会受到行业或者客户的误解，所以，几乎所有成功实现二次增长的企业，都经历了这个业绩的非连续性阶段。

在这个阶段中，企业的业绩会出现短期的下滑趋势。

对非连续性阶段的成因，更让我信服的是克莱顿·克里斯坦森教授在《创新者的窘境》中做出的分析。业绩的下滑，往往是因为企业没有区分对待原有业务和新业务。企业按照原有业务的流程、价值观来要求新业务，不仅为新业务注入了资金等资源，还要求新业务必须遵守企业在原有业务中建立的企业文化、运营流程、人员招聘制度、财务制度等规定。

　　事实上，企业原有的这些规定会阻碍新业务的成长。举例来说，很多传统企业面对互联网时代，为了开展互联网转型，在公司原有的基础上，成立了电商部门、电商分公司等组织，但忽视了运营电商的年轻人与做传统业务的员工在企业文化、价值观上差异很大。而且，那时候电商运营人员的工资普遍很高，但在财务制度上，这些人不可能在短期内取得超过原有业务的利润。同时，电商运营人员往往对企业的传统管理流程不屑一顾。这些问题直接导致了一种相悖的评价：老员工认为这些做电商的年轻人根本不靠谱，没有业绩，工资反而高，而且经常不服管束；新业务团队的年轻人反过来认为企业的老员工食古不化，只会听命行事，缺乏创新意识。

　　新老团队之间的冲突越来越大，导致团队无法协同，最终造成业绩下滑。这相当于置企业的创新项目和团队于"窘境"当中。

　　因此，克莱顿·克里斯坦森教授认为，企业为了构建第二曲线所开展的新业务，必须跟原有业务做物理空间上的、文化上的、制度上的隔离。也就是说，新业务需要跟原有业务在不同的办公场所办公，还要允许新业务团队在创新过程中形成自己独特的团队文化以及流程制度。

　　同理，腾讯为什么把微信的研发团队放在广州而非深圳总部？很多创新能力强的企业会在外部建立"创新小分队"，也是出于这个原因。

什么在阻碍你的变革

　　每位管理者都必须知道，变革是一件很难的事情。世界上能够通过变革构建第二曲线的公司凤毛麟角。当然，这些公司无疑都成了顶级的公司，坐拥巨大的市场份额和企业价值。

　　那究竟是什么阻碍了变革呢？我认为，虽然对变革产生阻碍的原因很多，但是本质上，不外乎以下三点。

　　第一，企业没有文化包容性。

　　建立包容的文化属性，是企业发动变革的基础。任何战略上的变革，尤其是构建第二曲线的变革，要求企业能建立新的商业思维和视角，以再创业的心态来推动变革。这相当于企业要将原来构建的"管理流程大厦"推倒重来，以便创新业务能够找到适合新市场的新内部流程。

　　创业和变革在某个层面上等同于构建流程。流程是企业内部分配、调动资源的标准，所有的流程都有一个宗旨，就是满足市场和客户的需求。如果企业发动变革，想要在新市场中有所建树，就必须重新构建流程以满足新市场和客户的要求。

　　新流程的建立势必需要新的文化土壤来吸引具有新思维方式的人才团队才能实现。假设一家企业没有文化包容性，那么很难形成新的文化氛围，进而很难吸引具有新思维方式的人才，更无法建立新流程来满足新市场和客户的需求。

因此，文化包容性是第一位的。如果企业自身缺乏文化包容性，那么就要允许新文化在体外孕育。

第二，企业没有弄清楚自己所积累的核心竞争力和竞争优势。

在决定发动变革前，企业往往会关注变革的目标，但会忽视对当下自身的认知。古希腊德尔斐神庙刻着的箴言"认识你自己"告诉我们，任何变化和发展，要先从认识自己开始。

企业对自己的认知基于核心竞争力与竞争优势。一家企业变革的起点，其实就是自身所积累的核心竞争力，以及由一组核心竞争力构成的竞争优势。所谓核心竞争力，是指企业的一组能力形成了核心能力，这种核心能力受到客户的认可。比如，企业有研发新产品的能力，客户可以放心地把产品研发的部分或者全部交给企业；企业有打造品牌的能力，客户、资本市场认可企业的品牌价值。

竞争优势就是企业将核心竞争力组合起来，跟竞争对手相比具有优势。核心竞争力是被客户认可的能力，可以与别的企业比较，但不比较也可以看出来；竞争优势却是一个相对的概念，一定要在比较中才能凸显。

发动变革的企业要弄清楚自己所积累的核心竞争力以及是否有足够的竞争优势，作为认识自己的基本功，知道自己是谁才能确定自己能走向何方。企业在寻求对核心竞争力和竞争优势的评估时，既不能盲目自大，又无须妄自菲薄，要确保公正、客观。我认为，这项工作找合适的、专业的第三方，如战略顾问来做，比企业自评的效果要好。

第三，企业没有能力构建强大的学习型组织。

一项战略规划的落地，要求企业有两种能力：资本运作能力和组织发展能力。如果将这两种能力相互比较，在当下和未来的经济环境中，组织发展能力的重要性要远远超过资本运作能力的重要性。一家企业，如果有优秀的战略方案和强大的组织能力，就不会缺乏对资本的吸引力。

因此，企业更需要建立强大的学习型组织来获得组织发展能力。只有能够持续学习的组织，才能适应未来的不确定性，根据实际情况积极调整变革战略，最终找到取得成功的路径。

盲点扫描

1. 企业现有业务不行了，才开始布局第二曲线

很多企业都是等到现有业务不行了，才开始布局第二曲线。实际上，企业应该在自身业绩最好的时候着手布局新业务，原因是当自身业绩下滑的时候，管理者容易因为压力而导致决策受阻，同时，企业也极其容易因为资源缩水而导致不敢在重要的新发展战略上进行投入。这些都会导致寻找第二曲线的想法和行动面临失败的结局。

2. 把创新团队和老团队放在一起，用相同的制度管理

《创新者的窘境》背后所揭示的规律几乎是不容任何

挑战的。我曾经做过多方调查，凡是没有将创新团队和
原有团队隔离的变革项目，基本上没有一个成功的。这
是数千个案例调查的结论，建议管理者最好不要认为自
己的企业很特殊。

案例 06 我该如何构建新战略

　　某公司研发了一款新型的保温材料，应用于冷热保温。产品质量极其优秀，相比于同类产品，往往可以有数倍的保温效果。比如，在同等应用条件下，采用这家公司的产品，在一个小时内，温度下降或者升高为 1 摄氏度，对手的产品可能就会有 4 ～ 5 摄氏度的温度变化。

　　同时，这种隔温材料的适用性非常广，比如可以用于钢铁、水泥、石灰等高温烧制锻造炉的隔温。由于烧制和锻造工艺对温度的要求很高，能长时间保温则意味着可以节省大量能源。以钢铁为例，要想让钢铁保持液态，温度必须保持在 1450 摄氏度以上，如果低于这个温度钢液便会凝固。为了保持这个温度，必须不断地加热，耗费能源。但如果采用了这种隔温材料，可以大幅度降低炉温下降的速度，节省能源。

　　公司经过计算，钢厂、水泥厂、石灰厂等使用隔温材料后，4 ～ 6 个月可以收回成本。隔温材料的使用寿命长达 2 ～ 3 年，对于提高经济效益有极大的助力。

同理，现如今生鲜市场对冷链运输的需求旺盛。冷链成本之所以高昂，也是因为维持低温需要耗费能源。若冷链运输中可以使用这种新型隔温材料，将会大幅度降低成本，快速实现冷链运输的普及化。

就是这样一个优秀的产品，因为公司缺乏有效的市场推进战略，年销售额还不足4000万元。

"董老师，我们的产品技术性能堪称国内第一。我是行业的技术专家，享受政府津贴，但公司的生意规模一直上不来。现在产品成本又受到挤压，水泥厂和钢厂要求我们降价销售。这么好的产品，我们的业绩才做了不到4000万元，而且很多货款还收不回。你觉得这是什么原因呢？我们有没有什么改善的方向？"

"你觉得，公司的核心竞争力是什么？"我问道。

"核心竞争力？我开发出来很多产品，而且这些产品都具有技术上的领先优势，不知道这算不算是核心竞争力？"他略带疑惑地问道。

什么是核心竞争力

每当被问到"企业的核心竞争力是什么"这一问题时，管理者往往显得不够自信。他们往往会把核心竞争力当作现在公司所拥有的成绩。如果公司规模很小，市场知名度不高，往往就会质疑自己公司是否有这种听上去很高级的"核心竞争力"。

这是对核心竞争力这个概念的误解。核心竞争力是一种能力。它的定义如下："核心竞争力是企业所特有的、能够经得起时间考验的、具有延展性的并且竞争对手难以模仿的能力。"

首先，核心竞争力是一组能力。其次，这组能力让企业具备竞争对手难以模仿的独特性。最后，核心竞争力可以让企业构建起一定的壁垒，这意味着竞争对手要想获取这种能力，需要一定的时间来沉淀，而不能轻松地利用资本从市场上购得。

　　任正非正确宣称了核心竞争力的概念，他在一则采访中说："人才不是华为的核心竞争力，对人才进行有效管理的能力，才是企业的核心竞争力。"

　　核心竞争力会给企业带来一定的独特成果，但这个成果本身不是核心竞争力，让企业获得这个成果的能力才是。你或许会想，为什么要特别强调能力呢？有了成果，难道不能证明有能力吗？或许，你还听过一句金句："向有成果的人请教。"实际上，有些成果的获得，未必完全依靠能力，还可能是其他原因导致的。

　　比如，一家企业人才济济，可能是因为支付了比较高的工资或者通过投资并购了另一家企业，但这并不意味着企业能够管理好这些人并创造出价值。如果企业不具备对优秀人才的管理能力，那么假以时日，人才一样会流失，被竞争对手挖走。企业并不能保住这个成果，它并不能经受住时间的考验，也难以抵御竞争对手的干扰。

　　同样，技术、销量和市场等成果也未必是由企业本身的核心竞争力带来的。企业可以购买技术，但很难继续发展这项技术；趋势会带来销量和市场的增长，一旦趋势改变，企业也很难保持住自己的优势，除非它具备了开发市场的能力。

　　因此，"向有成果的人请教"未必能学到真东西，不如改成"向有能力取得成果的人请教"。

　　此外，强调能力和成果的区别还有一层深意：成果是能力发展的结果而已。这意味着，企业不应过分追求成果，更应该关注自身能力的提升。在企业构建了强大的核心竞争力之后，成果在很多时候自然而然就能得到。

最后，能力是可以培养的，成果有的时候还需要一点运气。我们无法左右运气，但是可以提升能力。在运气这个层面上，大多数企业和人一样都是正态分布的。拉长时间线来看，不会有人运气一直特别好，也很难有人运气一直很差。这个我们无法左右，但能力是自身的问题，只要持续修炼，就一定能够提高。

很多时候，经营企业所追求的就是打造一组甚至多组核心竞争力。只要有了核心竞争力，企业可以实现各类发展目标。

我把上述观点说给这位创始人听，他陷入了沉思。

"你这番话真的让我醍醐灌顶，我得仔细想想。"

片刻之后，他抬头看着我说："董老师，我明白了，我们公司的核心竞争力其实就是产品研发能力。我觉得，我们能研发出更好的产品。"

"或者，把产品进行市场化适应改造！"我抢过话题。

构建第二曲线的秘密

以技术开发能力为核心竞争力的企业，往往会陷入对技术指标痴迷的路径依赖。在这些具有工程师文化背景的创始人的心目中，不断提升技术指标是最值得做的事情。事实上，并非如此。商业世界中可能未必需要一味地提升技术指标，反而对现有技术产品做市场化适应改造才是最优的商业化之路。

技术指标的提升，可以作为公司未来发展的技术储备。很多优秀的科技公司，会根据市场上的竞争状态来决定是否发布新技术。如果目前的技术产品能够打败大多数的竞争对手，它们宁愿先雪藏最新技术一段时间，让目前的技术产品获得最大的商业价值。

　　所以，我打断他的话，并告诉他市场化适应改造也是技术创新的一部分。

　　"我明白了！对，市场化适应改造！目前公司的研发能力也不是不能继续追求指标的提升，但要付出较大的研发代价。如果在技术指标提升的同时，能够把现有产品卖到更多的市场领域，提高公司收入，反过来更能促进对研发的投入！"

　　"就是这个道理！"我予以肯定。"那么，我们开始说下一个问题！"

　　"你思考一下，目前，现有产品进入的这些应用产业，比如钢铁、水泥、石灰等，未来的发展前景如何？"

　　"这些产业估计会面临淘汰！"他眼前一亮，回答道。

　　"随着基建和地产的增长放缓，这些行业的产业价值无疑面临着较长的下降周期。这意味着，你将自己公司的高科技产品的市场收入，依附于快速下降的产业。你为什么会做出这样的选择呢？"

　　"说起来真的不好意思，因为简单。"他回答道。"对这些产业的企业来说，我可以先安装产品，然后等着看效果。效果一出来，客户就会付款。而且，产品利润不错，还算是过得去。我们没有建立起优秀的销售团队，公司又处于创业期，就干脆用了最简单的方法。公司的这点销售收入，基本上都是我一个人跑出来的。"

"如果产品能让感受到效果的客户支付货款，证明产品确实非常优秀。这意味着，公司确实构建了相关领域内的研发能力，形成了核心竞争力，但公司没有市场研究和开拓能力，这是致命的短板，需要补上。一般来说，一家公司可以通过招募代理商、建立市场和销售团队来弥补市场上的短板，你倾向于哪种？"

"我想还是需要建立自己的团队，否则，这个产品的技术价值无法最大化。"他回答说。

"既然如此，我们就要开始分析市场。目前，保温材料的市场需求主要来源于冷热两种情况。既然产品保温效果这么好，可以考虑家装市场，给普通的家庭安装，让房屋冬暖夏凉，但是这个是 To C 的消费类市场，运作起来难度有些大。另一个就是冷链运输的 To B 市场，和你的公司积累的能力比较接近，但这是一个处于上升期的市场需求，你觉得呢？"

"你说的对！"他肯定地说。

"其实，构建企业第二曲线的秘密很简单，就是将自己核心竞争力转移到一个处于上升期的市场当中去。我们刚刚总结了，你需要审视一下目前公司里是否有满足'市场化适应改造'要求的研发能力，如果确实有，那么最短的路径就是先针对冷链运输市场提供产品、获得收益。你觉得呢？"

"太棒了，我拨云见日！"

"不过，先别高兴太早，我想问一个问题，你能否接受业绩的短期下降？"

你能接受业绩的短期下降吗

几乎任何一个新项目、新市场的开拓，都极有可能引发原有业务业绩的短期下降。这是很多公司明白眼下的路不好走，也很难下决心寻找新路的原因。新市场的开拓、新项目的确立，可能需要资源和精力的投入，这势必会瓜分公司对原业务的投入。原业务本身就处于一个下降通道，而且，在未实现财务收入之前，没人能确定新业务是否就是合适的发展方向。一方面，原有业务还能带来利润，却要减少投入；另一方面，新业务虚无缥缈，却要增加投入。这对管理者来说，是极其重大的考验。

我们在上个案例中提到的第二曲线的非连续性和创新者的窘境就是这么产生的。虽然万般无奈，但管理者必须做好心理上的准备：公司业绩可能会在短期内下降。如果没有这个心理上的准备，管理者很难做出真正有效的决策。

我把这点解释给他听，他表示回去之后会认真思考这个问题，衷心希望他能找到破局之道！

盲点扫描

1. 核心竞争力是公司取得的某种成果

核心竞争力是公司取得某种成果背后的能力，而不是成果本身，认识到这一点尤为重要。

2. 构建第二曲线十分困难（容易）

很多管理者认为构建第二曲线是一件特别困难的事情，这是因为他们在经营过程中，并未关注打造企业的核心竞争力；也有些人认为构建第二曲线是一件特别容易的事情，但很可能这也是个巨大的"误区"。原因在于，如果第二曲线与企业原有的核心竞争力不相关，大概率会失败。这种多元化被称为"非相关多元化"，是战略管理当中尤其要避免的。

构建第二曲线的新战略最短的路径就是将核心竞争力迁移到一个处于上升期的市场中去。道理很简单，但真正做起来还是具有相当难度的。决策的难题在于，如何从一个缓慢僵死的确定性过程中走出来，去接受一个可能成功也可能失败的不确定性路径。

创业维艰，把企业做强做大真的很难，但这也是创业最大的乐趣。

案例07　谁来主导新业务

　　牡蛎壳，是牡蛎取肉后的"垃圾"，你几乎想不到它能有什么价值，但这家公司就是用自己的技术，将牡蛎壳转变为土壤改良的肥料，用于改善重金属超标的土壤。这是因为牡蛎壳有多层的孔隙结构，可以吸附微小的重金属颗粒。同时，牡蛎壳磨成粉撒在土里，还能提升土壤钙质，让生长的作物吸收自然的钙质，最终给人体健康带来好处。

　　如果你有在海边渔村的生活经历就会知道，牡蛎取肉后剩下的壳，被视为必须尽快处理的垃圾。堆放牡蛎壳，不仅会产生令人作呕的腥臭味，还会吸引大量的蝇虫。这家公司利用新技术变废为宝，善莫大焉。

　　让人感到公司发展前途无量的还有创始人对商业思维的重视。大多数技术出身的创始人容易痴迷于自己的技术，不重视产品的商业应用前景。这家公司的创始人则不同，他花费不菲寻找外援，为公司的发展制订了详细的商业计划：从牡蛎育

种、养殖、开壳取肉、牡蛎肽提取和压片食品生
产到牡蛎壳再利用的全产业链都研究得十分透彻。
因此，虽然公司目前规模很小，但是得到了资本
方的支持和关注。

　　这家看上去趋于完美的公司，事实上隐匿着巨大的潜在危机。由于创始人能力过强，团队对其依赖程度极高，这种依赖让他成为公司的绝对权威，形成了"一言堂"的局面。公司里面缺乏能与之平等交流的"二把手牛人"。

　　公司股权风险投资界曾经有一个潜在规则：在一家公司具备投资价值之后，风险投资公司还必须观察这家公司是否起码有一位次要创始人能与最大创始股东"平起平坐"。这类人被称为"二把手牛人"。如果公司有这么一位"二把手牛人"，那么风险投资公司会毫不犹豫地为公司注资；如果没有，那么很多风险投资公司就会退却。我称之为"二把手牛人定律"。

　　二把手牛人定律是基于以下这一系列洞察而发挥作用的。

　　一家优秀公司中最大创始股东必然是公司里最具有权威的人，除此之外，团队中还应至少有一位能够向最大创始股东提出反对意见的二把手。这个人各方面的素质和能力很高，他的意见受到最大创始股东的尊重。当公司要做出重大决策时，他的意见对决策的方向和内容具有至少跟最大创始股东相差无几的影响力。

　　这背后反映出来的内涵如下：

　　第一，健康的公司需要反对意见。

　　优秀的决策需要考虑各方意见，然后独断专行。看上去这是一个悖论，但参考了各方意见之后的独断专行，比不知道还有其他因素的独断专行，决策质量不可同日而语。

　　第二，公司的人才梯队建设不能变成俄罗斯套娃。

　　俄罗斯套娃是一种玩具，一个小玩偶的肚子里总有更小的玩偶。优秀的公司人才梯队不能一级比一级弱。因此，从最大创始股东开始就要形成一种风气，允许公司里有比他或者至少跟他一样能力强悍的二把手。这会树立一种文化价值观，杜绝高层、中层和基层的俄罗斯套娃式团队建设的发生。

"董老师，我们做了完整的战略和商业模式规划，但落地的效果不好，甚至可以说非常差劲。这次来是想向你请教，怎么才能将战略落地执行？"说着，他拿出一份商业计划书来给我。

我仔细地阅读了这份商业计划书，写得非常详细和专业，对于牡蛎产业的价值网刻画得非常清晰，从上游的育种、养殖到下游的产品、营销、生活方式打造等都做了详细的构想。

"你认为落地执行时的主要问题是什么？"我问道。

"我个人觉得是团队的问题。你看，我们公司设计了这么多业务板块，除了上游的育种和养殖以及开壳取肉和牡蛎壳再利用加工这几个板块之外，其余的板块我们都还没有开始做，缺乏能够主导新板块的人才。此外，现有的业务板块，我们做得也不够好。育种养殖还没有培养出什么新品种来，目前能维持公司收入的只有开壳取肉和牡蛎壳再利用。在这个环节，我们开发了牡蛎肽提取和压片产品、土壤改良产品以及宠物食品，但没有一款产品能够获得可观的利润。"

思维缜密的管理者往往把公司未来发展的整个链条构思得清清楚楚，这是企业战略思维的优势。它也有非常明显的劣势，那就是公司无法集中有限的资源，先取得一个点上的成功。管理者倾向于在整个链条的各个点上不断尝试，一个点打不透，就换一个点尝试，根本无法聚焦。这直接导致了公司有限资源的浪费，最终看似做了很多事，但没有任何一件事做到底。这让我想起了一幅挖井取水的漫画（见图 2-3），一个人扛着铁锹，不断地换地方挖井，水就在下面，但没有一个点被挖透。本质上，这是管理者对不确定性的容忍度很小造成的。他不确定如果将所有资源集中在一个点上，是否能够获得自己所期盼的成功，因此他不断地在所有可能的方向上尝试，最终反而浪费了资源。

图 2-3　在"没有水"的地方挖井

"除了人员问题，你觉得还有什么问题？"我继续追问。让人接受新观点最好的办法并不是将新观点告诉对方，而是引导他自己得出结论。没人乐意去执行别人的想法，但人人都愿意按照自己的想法来做事，尤其是创业者，他们不会轻易接受别人的结论。

"如果还有问题，我觉得是我们做了很多尝试，但缺乏打通、打透的点？"他对自己的这个结论将信将疑。

"公司目前的营业额有多少？"我问道。

"目前一年下来不到 8000 万元。"他有点不好意思。

"你说的这些市场领域中，我觉得任何一个点如果做透了，公司都会至少有 10 亿元的规模。"听了我的话，他有点愣住了。他自己仔细想了一下，发现没办法反驳我的观点。牡蛎肽有很多功效，比如解酒、补充营养、让人精力充沛、促进生育。公司将牡蛎肽提取出来制成压片产品，属于快消品行业，单单这一产品就有数百亿元的市场需求。此外，以牡蛎壳为原料的制品可以应用于宠物食品市场和土壤改良剂市场，这也是巨大的市场。公司投入研发，生产出能针对上述市场的产品来，却只做出了 8000 万元的规模，这肯定是有巨大问题的。

"你说得对！"他琢磨了一会儿，终于认识到自己的问题了。"如果要从这么多产品当中选择一个来聚焦，你认为哪一个是最好的？"他问道。

"如果让我来决定，我认为应该按照如下顺序研发：第一是土壤改良剂，第二是宠物食品，第三是牡蛎肽压片产品。"

"你的理由是？"

"企业做出战略选择时，需要先观察企业外部的宏观环境。中国的各种经济组成和企业类型，都是要为中国特色社会主义制度服务的。如果企业能洞察这一政策环境，就能获得政府的大力支持；如果企业忽视自身的社会价值，就容易失去政府支持或者被政策限制。

"在公司当下所有的产品中，土壤改良剂最具有社会价值。一方面，它的原材料是牡蛎壳，垃圾再利用有助于环保；另一方面，土壤改良剂事关农业生产，是国家关注的重要领域。虽然宠物食品的原料也是牡蛎壳，也具有环保意义，但是不能促进农业生产。如果公司能在农业领域有所突破，势必获得政府的大力支持。在这之后，再开展其他业务就简单了。这是一个造福于民的项目啊！"我忍不住感慨道。

"老师，我真是从未从这个角度想过问题，我现在拨云见日！"他站起身来，紧紧地握住我的手。

"如果你能确定新业务的选择，那么，接下来我们还有一个亟待解决的问题：谁来负责这个新业务板块？你还打算亲自上吗？"我示意他坐下，等他情绪稳定了说。

"老师，这也是我的顾虑！"

新业务板块的负责人到底从哪里选？这是一个好问题。

在老员工中提拔

很多公司倾向于从公司内部选拔人才来承担新业务板块的任务。原因是，管理者认为：公司中的老员工更熟悉企业的情况，上手快。事实也是如此，公司里的老员工比起新招聘的员工来说，属于企业特定资源的一种，具有一定的优势。但任何事情都要从两方面来看，如果公司从事的业务是创新的，那么内部人员很可能难以理解相关内容。原因是，老员工会形成与公司非常一致的视角，难以用全新维度来审视新项目。跟新招聘的人员比起来，老员工会更容易缺乏创新思路。

这些都不是核心决策因素。有些时候，公司的老员工早就发现公司现有的做法会逐渐遇到巨大的障碍，他们希望能向管理层来汇报自己关于公司业务的新想法，但被忽视了。如果团队中有这样的员工，可以筛选出来，破格提拔来承担新业务。同时，如果企业挖来了外部的高手，但不具备创新意识，所谓的能力强仅仅是假象，也无法撑起公司的新业务来。

在实际工作中，如果公司遭遇到一系列的挫折，并且公司中领导力水平不够，老员工会对任何变动都产生"组织防卫"的情绪。他们会抵制一切变动，拒绝通过学习改变自己，对任何能促进公司发展的变化都表示出毫无兴趣或者阳奉阴违。

这让具有战略意识的管理者很难从内部发动变革，对任何新业务的发展都力不从心。因此，管理者往往有一种错觉：公司缺乏优秀的人才。这促使他们一味地想要从公司外部挖人来解决问题，而忽视了内部的力量。

寻找外部的高手吗

当管理者在企业内部无法动员老员工承担新业务时，会倾向于在外部寻找高手。鲇鱼效应[○]就是为了达成"由外部带动内部"这一目标的管理手段所产生的效应。这对外部候选人提出了极高的要求。

首先，他必须意识到，面对一家成熟的企业，他不能单靠

○　鲇鱼效应（Catfish Effect）是指通过引入强者激发弱者变强的一种效应。在管理学上的应用称为鲇鱼机制或鲇鱼管理。

一己之力改变现状，他必须获得内部人员的支持。支持者不仅要包括下决心发动变革的高层管理者，还要包括企业所有的利益相关者，如员工、股东、供应商和客户乃至政府。企业要实现的变革目标越大，就越要广泛团结一切可以团结的、对变革有利的人员。利益相关者中很可能有食古不化的寄生者，他们的利益依附于企业现有的状态，变革很可能是要拿走或减少他们的利益。因此，外部的高手需要对企业目前的利益相关者的既得利益深入分析，找出其中可以调和与难以调和的利益，采取不同的措施。

然后，他还必须能够设计变革发生的节奏以及准备需要的资源。一个初来乍到的新人，如果一上来就将发动颠覆式变革作为自己的目标，十有八九会因操之过急而让变革夭折。大刀阔斧的改革方式只适合在公司内部已经建立权威的高层管理者。当然，管理者可以先为自己信任的新人"扫清战场"，但这位主导变革和新业务的候选人需要证明自己值得信赖。

当然，任何新业务的开展和变革的发生都需要公司准备好足够的资源，以便应对出现的各种意外情况和短期的失败。极少有人能够一击即中，管理者要做好足够的心理准备，为犯错而承担损失。因创新而犯的错误，是有益的错误，值得鼓励而不是打压。

由此可见，寻找外面的高手来发动变革并不是一件容易的事情，需要做出周密的考虑。

但这些都不是核心要素，核心要素是候选人本身的素质。

守成还是创新

"你知道开创新业务的候选人和延续原有业务的候选人，基本素质有什么不同吗？"为了引出下一个问题，我问道。

"这其中有很大的区别吗？我没想过！你能否告诉我？"

"当然有区别，很多企业的新项目就是因为忽视了这个区别才会选错了人。"

在上一轮重大的商业范式切换（互联网、移动互联网转型）过程中，很多企业选错了领导变革的候选人。他们为了适应新的商业环境，积极自我变革，从大型互联网公司挖了很多人来开创自己的互联网转型变革之路。绝大多数的项目都没有获得成功，通关者凤毛麟角。很多人将其归咎于传统企业的基因不适合互联网时代，人们从各种专业的角度来解释这些投入不菲却让人惋惜的失败。实际上，从一开始的人选上，很多企业就犯了巨大的错误。

传统企业能挖到的人，往往是大型互联网公司的中层管理者，就算它们能挖到高层管理者，也很少能找到这些公司的创始团队成员。这些候选人其实并不是开创型的人才，他们仅仅是在开创型的人才塑造的平台、建立的流程上执行具体工作的人。这样的人，并不具备将一家传统企业带入互联网时代的能力。他们仅仅是看上去对互联网技术更熟悉一些的执行者，这些人往往对变革和从"0"到"1"开创新的事业知之甚少。相比于开创者来说，他们最大的能力是守成。

开创和守成是完全不同的能力。你可以将开创者理解成那些声名赫赫的大将军，如项羽、韩信或者是徐达、常遇春，他们负责打江山；守成者如萧何、李善长。这两类人具有完全不同的基本素质。开创者可以不畏风险，开创先河；守成者更擅长建立制度，制定规则。

除非传统企业可以挖到互联网公司创始团队成员，否则仅仅找到一些守成者，他们是难以带着企业实现变革的。

同时，具有开创精神的人根据能力不同，还分为具有单一开创能力和多元开创能力两类；守成者也可以分为具有单一守成能力和多元守成能力。其差别在于，具备单一能力的人只能在一件事、一个领域胜任开创或者守成的工作；具备多元能力的人，会在多个领域内胜任开创或者守成的工作。新商业范式中所需要的开创者往往是具备多元能力的人。

你可以通过图 2-4 来进一步理解以上内容。

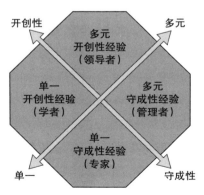

图 2-4　单一能力和多元能力

能胜任执行层面上复杂管理工作的人，往往具有多元守成性经验，他们往往能处理各个领域中的事务性管理工作，但很难具备开创性能力；在单一领域内具有守成性经验的人是这个领域内的专家，他们会对自己所熟悉的领域内的专业知识进行深入的研究，努力去了解这个领域内的一切；那些能在单一领域内做开创性工作的人我们可以称为学者型人才，他们能在自己所在领域中做出延续性或者颠覆性的创新工作；能领导变革的人往往是在多元领域中具有创新经验和能力的人，他们才能被称为是真正的领导者。

如果企业的管理者仅仅依靠判断某人是否有某个行业内的经验就期盼找到能领导变革的领导者，那么他至少有 75% 的概率犯错。同时，因为具有多元开创能力的领导者往往在行业里很有名声，一般企业根本想不到要找到这样的人才能发动变革，主动放弃了最有可能的那 25%。他们一开始就找错了目标，所以，犯错的概率往往接近 100%。

那么，要如何才能解决这个问题呢？

企业的管理者必须能从现在的普通人中，寻找那些具有多元领域开创能力的潜在领导者，而不是去挖大型互联网公司的创始人。这些人根本挖不来。企业的管理者必须具备从普通人当中识别出来这些高潜人才的能力，他们或许在公司外部，也可能在公司内部。

界定一个人是不是高潜人才的标准十分简单，你只需考察他是否具有两种能力，那就是学习力和思考力。[⊖]

⊖　具体方法请参考本书作者的另一本著作《高潜牛人：找到你的事业合伙人》。

　　在我将开创型人才和守成型人才的概念解释给他听之后，他的脸上产生了难以抑制的喜悦。这种欣喜的表情，也带动了我的情绪，给我带来了满满的成就感。

　　祝福他，希望他能找到自己的成功之路，造福于民！

盲点扫描

1. 核心创始人是特别厉害的专家就足够了

　　一家企业顺利发展，单纯依靠核心创始人一人是不行的。有的时候，往往核心创始人是非行业专家时，企业更具发展前景。比如，马云不是互联网专家，并不耽误他将阿里巴巴打造成世界级的企业。

　　企业里面至少要有一位"二把手牛人"，这个人的存在可以有效防止人才梯队变成"俄罗斯套娃"。

2. 产品可应用的领域很多是企业的"福音"

　　有些科技型企业（"专精特新"）的产品可以应用于多个领域，这既是企业的福音，又是一种"诅咒"。如果企业能在一开始专注于一两个最擅长的、处于上升期的市场，打开局面，后期的发展会因为产品的行业普适性而一帆风顺，企业因此成为行业高利润巨头。更可能的情况是企业创办初期缺乏经费，管理者反而会在不同领域中选择随机撞大运，什么能赚钱就干什么，这会给企业的发展造成伤害。

3. 企业只需要考虑赚钱

企业必须学会承担社会责任，顺应国家政策。不是企业大了才需要考虑这些，而是因为企业考虑了这些，才可能正确决策，发展壮大。

4. 企业要抉择的只是方式，不是"从内部提拔"，就是"从外部寻求"

开创型人才与守成型人才有着不同的基本素质。内部提拔还是外部寻求不是核心因素，能区分这些素质才是核心。区分这些素质是抉择的底层逻辑，在底层铺设好之后，从外寻求、从内提拔都只是方式，方式浮于表面，不要舍本逐末。

案例08 发展与增长

　　企业容易混淆发展与增长的概念。只需要看看培训市场上那些以"增长"为关键词的培训课程的受欢迎程度就可以知道，追求增长的人不在少数。没错，乍一看企业经营的目的就是获得业绩的增长。甚至，增长可以被当作治愈一切的良方。

　　很少人想过，对增长的追求就像是"手中捧沙"一样，攥得越紧，流失得越多、越快。如果有人能塌下心来以平稳的心态做事，逐步提升自身的能力，这就像摊开手，反而可以捧起更多的沙。

"董老师，我们上了很多增长性质的课程，但企业从来没有实现引人注目的增长，我想问问你，到底该怎么做才能实现增长？"这位创始人是一位年轻的女孩，长发及肩，优雅的气质透出其优越的生活环境和接受的高水准教育。她介绍说，自己是从美国留学回来的工商管理硕士，回来接父亲的班。企业是从事软件开发的，目前正在从事的项目主要是为连锁便利店开发云端的进销存软件。

客户只需要每月支付一点费用，就可以运用基本的进销存管理功能来实现对店铺的管控，包括销售额管理、库存管理、进货管理和产品类目管理等工作。因为使用方便、价格低，此软件深受店铺经营者的喜爱，几乎占据了企业所在地和主要目标市场 70% 以上的份额。

现在，她希望把父亲成功的经验复制到其他领域中去，为小型店铺，如理发店、足浴店、餐饮店等提供不同服务项目的店铺技术赋能。让人遗憾的是，在新的目标领域中，项目的进展没有那么顺利。原因是这些行业都有了自己主流的服务商，企业面对的是一个竞争异常激烈的红海市场。

为了打破僵局，她上了很多教企业如何实现增长的课程，并依照课程中所教的办法来实施，但没有取得什么像样的效果。她也想过聘请讲课的老师，购买他们的咨询服务，但这些老师似乎并不愿意为学生们提供更深入的服务。能讲好课是一回事，能做好事是另一回事。

"实现增长的目标，要有个载体和抓手，你想通过什么产品和服务来实现增长呢？"我问道。

"我们希望通过把自己做的店铺级管理软件出租给店家的方式来实现增长。"她回答说。

"那么，出租软件的方式是什么？"我追问。

"之前在连锁便利店的推广经验告诉我们，我们只需要找到一个合适的连锁品牌，然后在它的体系中把软件推广开，并辅以店长和店员的培训，就能快速渗透到这个系统里面去。这一次跨领域推广没什么效果。我请教了好多人，他们只是要我坚持。但我总是觉得我的方法不对。"

我觉得，这位创业者很可能忽视了发展与增长的区别。

"你知道发展与增长之间的区别吗？"我问道。

"发展？增长？有区别吗？"她有点疑惑。

"Development and increment。"我答道。她是从美国留学回来的，用英文单词来解释可能更直接。

"我没想过，发展是开发、投入？增长就是增长啊！"她仍然十分疑惑。

发展与增长有区别吗

发展，英文是"Development"，如果你查英文词典，会发现这个单词有开创、开发、建设的含义。发展的意思其实是投入资源和时间，让进步发生。增长，英文是"Increment"，它的意思就是单纯数量上的增加而已。

由此，我们可以得出一个结论，增长是发展的结果。企业只有在促进自身发展的事情上积极投入，才会得到业绩增长的结果。

我把这个结论告诉她，她表示理解。

"之前，你父亲之所以能在连锁便利店的软件市场中取得优秀的成绩，是因为他积累了这方面的经验，并构建了优秀的销售团队。更重要的是，他找到了良机。现在，你想复制父亲成功的方法，但你有没有考虑过建立或者培训新型的销售团队？"

"难道卖软件给连锁便利店跟理发店、足浴店还有什么不同吗？"她这个问题证明，她没有考虑到其中的差别。

"我问你，足浴店、理发店和连锁便利店的软件产品一样吗？你们有没有做适用于这些服务型连锁店的软件再开发？"

"这个倒是有的！"她说，"我们知道连锁便利店和服务类的门店之间的差别！"

"那么，你们有没有在销售团队和市场团队上做区分？"

"这个……没有。"她终于开始明白我的想法了。

很多时候，貌似卖的是同一款产品，但只要针对的市场不同、客户不同，可能需要的能力就会完全不同。很多外资企业为什么能在全球范围针对不同市场开展业务，就是因为它们对目标市场做了区分。我曾经是某芯片公司的销售总监，这是一家世界 500 强企业，公司的市场部严格区分市场，把同一国家的芯片市场按照消费类电子、机械类电子、通信类电子、显示类电子等细分市场进行划分，然后建立专业的销售团队来跟踪这些市场中的商机。

连锁便利店与足浴店和理发店，看上去都是连锁店面，但是其间有巨大的差别。首先，连锁便利店是销售实物产品的，而足浴店和理发店更多是做服务的。连锁便利店的消费者更在乎实物产品的品质；足浴店和理发店的消费者更在乎的是服务的体验。

很多技术型的公司知道这种业态的差别，但总是将其理解为技术上的差别。我分析了这个企业提供的软件，发现它的确注意到了不同业态上的软件技术差别。实际上，要想做好这件事，她还需要知道不同业态间市场和销售的差别。

"我们来看看，将软件产品推广到足浴店和理发店的业态中去与推广到连锁便利店有什么不同。

"第一，虽然都是提供本地生活服务，但是连锁便利店背后是强大供应链体系的支撑，因此，便利店可以有全国连锁的。足浴店、理发店业务的背后是优秀的服务人员以及对人员的管理，很难实现全国性的连锁品牌。你无法像管理、运输货物一样管理人。

"第二，既然足浴店和理发店都是地方性连锁品牌，就不存在便利店那种做好一个大品牌，其余市场都能打开的方式。因此，你需要的市场和销售团队更应该是类似'阿里铁军'的地推团队，而不是咨询顾问式的专家销售团队。

"第三，同时，你还要观察到各个地区的足浴店和理发店的服务模式和店铺运营方式可能存在重大的区别，所以标准软件的研发可能不合适。你可能需要建立一个'基础软件技术模块＋灵活选用模块'的软件系统。

"同时，我们也看到一些地方性的软件公司，因为更熟悉地方的服务特色，开发的软件功能更符合当地的情况。此外，它们与当地小规模的连锁服务店品牌商的联系更紧密。市场可能是一片红海，所以企业可能要重新评估现在的第二曲线战略。"

"董老师，我明白了，其中的差别太大了。现在看起来，我当时做出这样的决定，考虑得还不够全面。"

看上去，这个女孩忽视了决定和决策之间的区别。

决定和决策

"你知道决定与决策有什么区别吗？"我又继续问道。优秀的咨询顾问不仅要能解决客户现有的问题，还要能帮助客户优化思考问题的方式。这样，你就有机会帮助企业一次解决一批问题，让它们以后都不再犯同样的错误。

"这两个词的英文都是'Decision'，你让我再想想。"她不甘心地说。

她想了一会儿，最终表示自己对于这个问题毫无思路。

"人们在日常生活场景中经常会频繁做出很多大大小小的决定，比如，我们来决定一下，今天晚上去哪里吃饭。这个决定只能影响我们两个人，产生影响的时间也只有今天晚上。就算我们没找到合适的饭店，也仅仅是影响我们今天晚上的用餐体验而已，并不算太重要，也不会波及更多的人。从没人说，今天我们来做个决策，晚上去哪里吃饭。

"决策往往是针对大事、要事做出的。要事有个特点：它影响的范围广，影响持续时间长。一件事，如果影响的人和事很多，同时这种影响持续的时间很长，那么它就一定是要事。比如大到国家发展战略、省市发展战略布局，小到企业市场战略，所产生的影响都是长时间的，影响的人和事也很广泛，因此是要事，要谨慎对待，尽可能地考虑全面一些，囊括各种要素。

"我这样说，你同意吗？"

"的确如此，完全赞同！老师，太感谢你了！"

"那么，在你看来，构建企业的第二曲线，也就是你现在想要做的这件事，最重要的是什么？"

"建立新的市场和销售团队？"

构建第二曲线最重要的事

对任何企业来说，构建第二曲线最重要的事都是管理者先要学会"在公司发展的问题上做决策"。

决策内容包括：

- 确定哪个领域可以作为第二曲线的目标。
- 确定企业在原有业务中积累了什么核心竞争力。
- 确定构建第二曲线能否运用原来的核心竞争力。
- 分析宏观商业趋势，确定第二曲线的方向。
- 据此制定清晰的实现路线，然后迈出第一步。
- 盘点实现第二曲线所需的资源，包括组织资源和资本投入资源。

● 制定方案并主导落地执行，同时迭代和纠偏新战略。

"我们可以一条一条看。第一步，你需要确定哪个领域可以作为第二曲线的目标。你可以选择把公司的软件应用于新的领域，也可以在既有的便利店渠道，围绕着这一场景提供更多类型的软件和硬件。比如，你能否提供一个方案将每家店铺的销售金额与货物自动关联起来？能否为店铺解决丢货的问题？能否将一线员工管理的板块也融合进来，如上下班打卡，甚至可以关联店里的监控设备，对店面进行全方位的管理。

"第二步，我们要看企业在原有业务中积累了什么核心竞争力。构建第二曲线最短的路径就是将核心竞争力迁移到一个处于上升期的新市场中去。这样，我们大致就可以确定到底是该围绕着现在的客户深耕做垂直服务，还是将现有的服务能力水平扩展到其他领域中去。

"第三步，我们要确定构建第二曲线能否运用原来的核心竞争力。先看构建第二曲线所需要的核心竞争力是什么，与我们现有的核心竞争力是否一致。如果我们还有能力上的欠缺，是什么？如何弥补？

"第四步，我们要观察宏观趋势，来确定企业准备进入的那个市场是处于上升期，还是市场本身是萎缩状态。如果新市场处于上升期，那么我们想要做的事情就会事半功倍，反之则事倍功半。

"第五步，如果前面的所有环节都经过了验证，我们就可以开始设计实施的计划并迈出第一步了。你要知道，任何计划的实施都可能会在现实中遇到挫折，因此，在设定计划的同时，我们还要做好纠偏的准备。

"第六步，有了计划，我们接下来要盘点实施这个计划所需的资源。资源主要有两大类，最重要的就是企业的组织能力。假设新计划需要我们有优秀的市场团队，企业现在有没有市场部？市场部的同事是否熟悉企业想进入的新市场？他们的能力是否足够完成新市场的开拓任务？如果不够，还需要什么培训？如何学习进步？

"当然，我们也要看如果计划得以实施，企业还需要在资金上做出怎样的预算，我们是否有足够的资金来投入到新计划的实施中去？新计划预计会在什么时间产生何种规模的现金收入？利润会如何？虽然我们无法知道具体投入和收入的数字，但是做个估计还是必要的。

"第七步，也就是最后一步，我们终于可以制订可执行性方案了，然后用它来让团队形成共识，一步步地去测试实施，搜集反馈信息，然后根据信息决定是否要对新战略进行纠偏和迭代。

"这些工作，能帮助你'在发展的问题上做决策'。如果能做好这些事，增长就是自然而然的。你觉得呢？"

她在我讲解的同时，疯狂地做笔记。她表示，自己之前从未想过类似的问题，这次真的学到了很多。

盲点扫描

1. 企业只要追求增长就能解决一切难题

增长是企业发展的结果，管理者需要在发展的问题上做出正确的决策，增长自然而然就能实现。追求增长，很难解决发展乏力的问题。

2. 能在一个领域内获得成功，换到相近领域中也一定能获得成功

要回归企业经营的本质，从核心竞争力的角度来审视企业的成功。很多企业对以往的成功犯了基本归因的错误，无法区分之前的成功是因为运气还是因为企业有了某种被客户和市场认可的、独特的核心竞争力。

同时，虽然开创第二曲线的最短路径是将核心竞争力迁移到一个处于上升期的新市场中去，但是这不意味着企业的组织能力不需要根据新市场的特点进行调整。如果企业不能意识到新市场对组织能力的要求，大概率会遭遇失败。

第三章

CHAPTER 3

领导力水平提升

**导
读**

领导力和管理一直是一对容易被混淆的概念。领导力大师沃伦·本尼斯说："领导者做正确的事，管理者正确地做事"；另一位领导力大师约翰·科特认为："领导是实现变革，管理是维持运转"；还有一位领导力大师罗纳德·海菲兹指出："领导是解决适应性问题，管理是解决技术性问题"。

中国领导力研究学者刘澜总结了三位大师的观点，得出结论："管理是解决技术性问题，领导是解决挑战性难题。"

从各位大师级学者对领导的定义中，我们不难看出当企业需要面对变革、构建第二曲线时，相比于管理，更需要运用领导力来发动变革。

只有优秀的领导者才能带领团队实现变革。管理者可以负责维持原有业务的运行，为创新和变革提供必需的资源支持。

如果企业让一位资深的、行为上和思想上都固化的管理者来领导变革，十有八九会遭遇失败。企业应该让具有创新精神的领导者来领导变革。

管理与领导观念和行为的背后，基于不同的基本假设：管理者的信念是员工都是 X 型的人，他们需要被管束才能做事，否则就会偷懒、马虎大意；领导者的信念则是每一个人都是 Y 型的，对自己喜欢的事情都有热情和干劲，并且创意十足。⊖

因此，领导者认为自己只有三个角色：设计师、导师、仆人。所谓设计师，是指领导者需要设计企业未来的战略发展方向，明确企业的使命、愿景、价值观；所谓导师，是指领导者需要在团队遇到困难时，为其指明学习进步的方向；仆人是指

⊖　详情请见道格拉斯·麦格雷戈的 X-Y 理论。

领导者要有这样一种态度：为团队成员完成他们自己的任务，提供一切力所能及甚至是勉为其难的帮助和服务。

　　管理者认为自己知道什么是正确的，其他人只要照做就行了；领导者默认自己不知道什么一定是正确的，希望可以动员团队来一起探索。在不确定性激增的年代，我们显然需要更多的领导者，由他们带领企业发动变革，构建第二曲线。

案例 09 管理与领导

　　管理与领导常常被混淆，尤其是在中文语境下，我们经常会称一位身处高级职位的人为"领导"，在企业中如是，在政府机构中也一样。实际上，领导（Leader）这个词具有更深刻的含义，它特指那些能够带领和动员团队，解决变革性难题的人。身处高级职位不等同于领导者，如果一个人身处高位，但无法带领团队解决变革性难题，那么，他充其量也仅仅是个管理者而已；相反，就算某人没有高级职位，但只要他能带领人们发动有益的变革，那么我们就会认为这个人具有领导力，是当之无愧的领导者。

　　职位，仅仅有利于发挥领导力。在高位者，更容易带领和动员团队。

　　"老师好，我们是做政府部门ICT⊖设备的公司，为政府相关部门搭建基于信息技术和通信技术的应急响应系统。有了这套系统，当发生地震、火灾、洪灾、疫情等重大和一般灾害的时候，政府部门就会快速响应，给予下级部门以及群众清晰的避灾指示，减少灾害带来的人员财产损失。"坐在我面前的是两位年长的男性，一位是公司的总工程师，另一位是董事长。

　　"在地震发生前的100秒，手机会收到相关警报，这是否就是你的公司提供的系统的一种功能？"我问道。

　　"是的，董老师。看来你对ICT并不陌生。我们来的时候看了你的简历，不愧是具有IT技术背景的咨询顾问！"总工程师见我对他们的产品技术并不陌生，如释重负。

　　具有技术背景的管理者，往往担心咨询顾问对他们的产品技术一无所知。在他们心目中，不懂他们的产品技术的人，就算是有一定的商业知识，也很难帮忙找到合适的市场。之所以这类企业很难找到合适的咨询顾问，是因为向不熟悉技术的人解释技术，工程师们就仿佛是受到了"知识的诅咒"⊜。咨询顾问根本听不懂他们的专业技术术语，这让他们无法与咨询顾问建立有效的沟通。

　　"灾害监控和响应ICT系统涉猎面非常广，你的公司是全都能做还是只做一部分？"我问道。

　　"目前的灾害监控和响应在监视端大多数还处于通过人工

　　⊖　ICT（信息及通信技术）是信息技术及通信技术的合称。

　　⊜　指的是一旦人了解了某种知识，就很难站在没掌握这个知识的角度去思考和理解相关问题。

观察并汇报的阶段，因此，我们做的系统主要是针对在后端的信息处理和响应阶段。"

"之后如果有相关的传感器就能自动检测，那样效率会很高。"

"你说的没错，全自动化成本太高了，但是这绝对是未来的方向。很多富裕地区已经开始全自动化布局了。"

"公司遇到了什么问题呢？"几番交谈下来，我相信自己对产品的理解已经足以让我获得他们的信任了。现在，我们可以开始双方真正关心的话题了。

"目前，我们最主要的是市场问题。现在，市面上有多家类似的 ICT 供应商，为了确保自己的市场份额，大多数供应商选择的数据接口协议都不同，这给政府类客户以及设备商都带来了巨大的困扰，但是谁也不愿意率先选取标准的数据接口协议，因为只要建立了标准接口协议，就意味着自己的系统设备随时可以被对手替代。"

所谓数据接口协议，是计算机软件和硬件系统在不同设备当中采取的数据协议格式。简单来说，你可以将其理解为不同的语言。比如，国内有很多地方性语言，虽然大家在同一个省、市、县，但是往往隔壁村和本村之间的语言就有所不同。

人与人会因为语言不通无法交流，计算机系统之间也会因为数据格式协议不同而无法交流。之所以一开始 ICT 设备商选择不同的数据协议格式，是因为寄希望于自己的设备被某地政府采用，那么其余的各级政府就必须采购同样的设备。否则，设备之间无法有效传递信息，ICT 也就没有任何意义了。

　　"为了快速占领市场，我们建立了一支市场和销售团队，但是，感觉管理上出了问题。这些人与研发部和工程部相互指责，作为技术男，我们也很难判断到底是哪里出了问题。"公司董事长略带沮丧地说道。

　　这是典型的"部门墙"现象，其根源是部门间有不同的文化，市场部和研发部的人因为所受的教育和思考方式不同，产生了不同的文化观。同时，我们应该看到，公司处于大力开拓推广新市场的阶段。这个阶段具有强烈的创新属性，管理手段爱莫能助，市场团队需要的是领导。

　　"你认为问题出现在哪里？"虽然心里有了答案，但我还是希望管理者自己能意识到问题的所在。咨询顾问必须意识到一个问题，没人会愿意执行别人的想法，人们总是按照自己的想法去做事的。因此，直接把答案告诉管理者，可能达不到最好的效果。除非，你引导他们自己得出问题的答案。

　　"一开始，我们认为是市场和销售的管理出了问题。因为我们都是技术工程师背景，对于市场和销售团队的管理不熟悉，也不擅长。为此，我们专门在相关领域内的大型企业以高年薪和股份期权的方式挖来了一位市场和销售团队的管理者。

　　"他来了之后，制定了一系列市场和销售制度体系。现在看上去，这套体系更适合他以前就职的大型企业。在我们这里，应用这套管理体系遇到了极大的反抗。公司里现有的市场和销售人员都认为这套管理体系行不通，因此，或明或暗地抵制它。"董事长回答道。

　　"那你们是否采取了一些措施？"我问道。

　　"我们后来在行政上强制推行这套管理方法，可后果是销售额直线下降，市场、销售人员离职率增加。可能，我们挖来的这个人的管理水平还是不够！"总工程师强调说。

　　"二位知道团队有的时候需要领导，有的时候需要管理吗？"我抛出了核心问题。听我这么说，这两人面面相觑，从他们的表情中我看出，他们并不知道问题的答案。

　　"领导和管理，这两者之间有区别吗？"董事长和总工程师对这一问题感到十分好奇。

管理的目的

　　我继而解释了领导力学者们对管理和领导的区别定义。他们恍然大悟，表示自己从未听说过领导和管理的区别。管理工作更多的目的是标准流程下效率的提升。这意味着，企业已经度过创业期，找到了最符合市场需求的内部流程。员工团队只需要按照这一经过市场检验的内部流程，按部就班地将动作执行到位，就可以给企业带来市场占有率的快速提升以及可观的收入。

　　"公司是不是目前最大的需求在于新市场的开拓？"我问道。

　　"是的！"两位管理者已经意识到问题了。"你的意思是说，新市场开拓的时候不能用标准的管理制度来管理？"

　　"开拓新市场、研发新产品在本质上都是一样的，需要不断地试错，直到找到一个能满足市场需求的内部流程。找到这个流程后，我们再将其固化下来，围绕着它来建立完善的管理制度和 KPI 考核体系。之后，员工只要按照考核体系行事，企业就能获得最高的效率，从而更好地服务客户。

"目前，公司面临着激烈的竞争。一方面，各个 ICT 设备厂商的数据接口不兼容；另一方面，地方政府的采购行为由各个地方政府主导。这意味着你们需要一个个地去攻克地方政府，同时，在其他厂商已经布局的地方，按照目前的情况，你们的产品几乎没有什么希望进入。除非，你们能主动兼容对方的数据格式，再提供性价比更高的设备，才有一线希望。这种工作对市场和研发来说，都不是标准流程，需要特殊的处理办法。"

"我明白了，因为外部是开创性的、变动的，所以内部如果用管理手段来固化对人员的要求，这不是促进他们的工作，而是让他们束手束脚了！"董事长兴奋地说。

"对！你的观点非常正确！"我成功地将自己的想法转化为对方的想法。

"那么老师，我们该用什么办法来管理团队呢？"他问道。

"你可以考虑领导团队，而不是管理团队！"

领导力的目的

"领导力的核心目的是解决变革性难题。当企业处于成长期或者衰退期时，需要根据市场反馈建立新流程，可以理解成企业处于变革时期。这时候，企业需要提升领导力水平。"

　　"所以，你认为我们需要领导团队？"

　　"是的。公司目前的市场和销售团队所面对的市场是不确定的，因此，无法用专业缜密的管理制度来管理团队。反而市场和销售团队在一线打仗，公司的领导者无法及时了解一线究竟发生了什么，因此就需要让听得到炮火声的人做决策。公司的领导者只需要充当设计师、导师和仆人的角色。"

　　"你能具体说说吗？"

　　"领导者需要设计公司未来的战略方向、文化使命、组织架构、资本结构，为一线员工准备充足的弹药，这要求领导者是设计师。员工在一线工作时要有足够的决策权，但往往也会遇到很多困难。有些问题领导者要允许他们在现场依靠自己的判断解决，即便是他们犯错了，也要鼓励他们从错误中学习，而不是埋怨或者惩罚他们。有些问题是一线员工仅靠自己无法解决的，遇到这类问题，领导者要学会引导他们去思考和学习，从而增强他们处理问题的能力，这就是当导师。最后，如果员工的能力得以提升，他们会找到更快、更便捷、更高效地解决问题的方法，但他们需要领导者的支持和帮助。无论是资源上的支持还是知识上的帮助，领导者都应以仆人的心态来为他们提供服务，这就是领导者的仆人角色。"

　　"那该怎么考核团队的成绩呢？"董事长问道。

　　"我们可以选择目标与关键成果法（OKR）来促进一线员工的工作，而不是考核他们。你们要记得，领导者还有一项重要的工作就是尽可能地为公司招募最优秀的人才。如果领导者能充当好设计师的角色，清晰地定义出公司的使命、愿景、价值观，就能吸引优秀的人才。如果领导者能扮演好导师和仆人的角色，就能充分激发人才的斗志和想要进步的决心。这样，他们会制定自己的OKR，并确保OKR符合公司的发展愿景。这种人是被称为'自燃型'的优秀人才，他们不需要被管理，只需要被领导。OKR也不是上级用来管理下级的工具，而是优秀人才自我管理和督促的工具。"

他们沉思了一会儿，拍着自己的大腿说："透彻！我们不虚此行！"

为什么公司既需要管理又需要领导

很多领导力顾问会把管理和领导对立起来。他们认为，管理是落后的工业思维，而领导则是以人为本的创造力思维。事实上，一家公司的健康发展，既需要管理又需要领导。当公司处于生命周期当中的生存期、发展期以及衰退期时，领导力会发挥主要的作用。因为在这三个阶段，公司领导者和团队成员并不知道做什么能让公司获得巨大的发展。一切都在摸索中、变革中、创新中，不能用缜密的管理制度来约束团队。如果处于这些阶段的公司过分强调管理制度，就会赶跑人才而不是吸引他们。

当公司发展从发展期进入成熟期时，证明它已经找到了能满足市场需求的内部流程，只要公司内部按照这一标准流程实施具体工作措施，就能获得极高的效率，让公司快速平稳地发展。此刻，公司就要制定详细的管理流程和制度，确保员工能够深刻理解这些流程和制度，将动作执行到位。不过，长期来看，在精密制度下的枯燥、重复的工作更适合机器人或者人工智能来做。

机器人和人工智能对枯燥和重复的工作不会产生负面情绪，而且执行效率远远超过最优秀、最娴熟的工人。它们可以全年无休、每天 24 小时都在工作，也不会抱怨和产生疲劳感。因此，最优秀的公司可以将那些重复性的枯燥工作委托给数字化、智能化工厂当中的机器人来做，解放人类，让他们去做那些更有创意和变化的领导者的工作。

由此可见，一家公司既需要领导，又需要管理。也许在某一时期，公司内部的领导和管理是同时存在的，其本质上的判断标准是工作的性质到底是技术性、维持性的还是开创性、变革性的，跟公司规模、从事的行业等毫无关系。

盲点扫描

1. 领导与管理是一回事

管理是解决技术性问题，领导是解决挑战性难题。
领导和管理有巨大的差别，需要细心辨别。

2. "部门墙"是沟通问题

"部门墙"的本质是组织文化与领导力的问题，而不是沟通问题。造成"部门墙"现象的其实是处于不同文

化背景下的人不愿意沟通，而不是没能力沟通。提高技
能不代表能提高意愿，管理者要对此尤为注意。

3. 领导与管理是对立的

领导者带领团队解决创新和开拓等挑战性难题，管
理者带领团队解决技术性问题。任何一家企业，兼具创
新开拓和高效维持两类角色，才能获得更好的发展。创
新开拓意味着投入，高效维持意味着收入。

没有一家企业能够只投入不收入或者只收入不投入，
因此，企业必须兼具两重角色。

案例 **10** 如何成为卓越的领导者

　　成为卓越的领导者对普通人来说并不容易，但任何人都可以通过修炼成为卓越的领导者。一方面，领导力是一种"反人性"的行动力；另一方面，任何人下决心修炼，都可以成为卓越的领导者。成为领导者，才能领导企业变革，才能获得非凡的成就。反过来看，领导力具有一定危险，如果不追求非凡的成就，修炼领导力没有意义。

　　如果具有领导力的人没有树立正确的使命、愿景、价值观，那么，他的领导力会带来巨大的灾难。因此，文化领导力是对卓越领导者更高的要求：树立正确的价值观，再辅以领导力，普通的人也可以成为卓越的领导者，为他人和社会做出有价值的贡献。

　　"董老师，我们公司十分重视领导力的修炼，为了提升公司的领导力水平，我和团队听了不少的课程。我们发现，领导力的修炼十分困难。不知不觉中，我们公司的管理者，总是倾向于运用管理手段来针对创新。你有没有简单的方法，助力我们修炼领导力？"

　　"你和团队都学习过哪些课程？"

　　"我们学习了市面上绝大多数的领导力课程，也包括你推荐的刘澜老师的课程。虽然刘老师已经把领导力的修炼变得十分简单了，但是持之以恒地运用十句口诀，对我们来说还是有难度的。"

　　这家企业的创始人与我是在刘澜"领导力的十项修炼"课程[○]中相识的。那时候，为了学习领导力，我曾经短暂地担任过刘老师的助教。这意味着，他深知刘老师的十项修炼。他的公司是从事游戏开发项目的，对创新能力要求极高，所以他十分重视团队的领导力水平。但要想持之以恒地修炼领导力，十分困难。

　　"能举个例子吗？"

　　"比如，下属遇到困难向我寻求问题的答案时，我知道自己最好问对方'你觉得呢？'，然后耐心地启发对方获得答案，实在不行再教他。在具体的工作中，往往事情变得很紧急。游

　　○　中国领导力学者刘澜开发和讲授的一门课程。在课程中，他提出了领导力的十句口诀和十项修炼，帮助企业创始人学习修炼领导力，备受企业欢迎。十句口诀有：我来（承担责任），我不知道，你觉得呢，我讲个故事，我教你，不要紧，你/我学到了什么，为什么，我是谁，我该是谁。

戏产品即将上线测试的时候，每个环节慢一点，到最后就可能积累出很长时间的拖延。游戏行业竞争激烈，一个好的创意如果不能尽快发布让玩家接触，可能随时就会被对手率先发布。游戏产业是一个创意产业，比拼的就是创意的质量和发布速度，慢一点就可能失去整个市场。所以，我们不敢经常对下属说'你觉得呢？'，等着他受到启发才来做事。事情紧急，我们必须尽快给出答案，叫他们迅速按照要求完成工作。"

"你觉得是行业的客观特性影响了公司领导者发挥领导力吗？"我问道。

"我觉得好像是，不然呢？如果我们处在一个竞争没有那么激烈的环境中，或许我们有更大的耐心来逐步修炼领导力。"他一脸迷惑。

"可是，为什么领导力的修炼要在特别紧急的时刻呢？公司没有不那么紧急的时刻吗？比如漫长的游戏开发过程。"我问道。

"那时候暴露出来的问题并不多啊。平时很少有人来请教问题，往往是到了最后关头，大家才发现问题所在，手忙脚乱的。"他回答道。

走动式提问

"你知道'走动式提问'吗？"我问道。

"走动式提问"是"走动式管理"的升级，后者是著名的"惠普之道"当中最重要的管理方法。所谓"走动式管理"，是指公司的高层管理者需要经常走到一线去，跟一线的员工多接触，密切联系团队。"走动式管理"强调公司的高层管理者需要"把自己的屁股从办公椅上抬起来"，不能仅仅靠着审阅文件来实施管理，而是要到员工的工作现场，帮助他们解决问题。

最积极奉行"走动式管理"的是万豪酒店集团的第二任CEO小马里奥特。这位企业的家族继承人，在60多岁高龄的年纪，仍然每年花费300多天，乘飞机去多个国家的万豪酒店居住，走到一线，发现管理问题。英特尔公司著名的CEO、《只有偏执狂才能生存》一书的作者安迪·格鲁夫为了在英特尔公司贯彻"走动式管理"，曾要求所有高管定期在办公楼里面打扫卫生。

后来，"走动式管理"被进一步升级为"走动式提问"。这源于组织管理学者、领导力学者埃德加·沙因的观点：领导者需要学会"谦逊的问讯"。领导者的领导方式应该是提出更多好问题，而不是给答案。

在我将"走动式提问"介绍给这位游戏公司的负责人之后，他若有所思地说："你的意思是，平时我们公司的高层管理者应该经常走到员工的工位上去，提出好问题？"

"没错！任何一家公司的领导力水平在最开始的时候都不会很高。因此，情况不紧急的时候员工没有压力，不会主动找高层管理者来请教学习。他们担心自己的这种行为会让自己'触霉头'，被高层管理者教训一顿。"

"所以，平时大家不是没问题，而是不愿意提出问题！"

"是的。当情况开始变得紧急的时候，迫于完成工作的压力，员工开始积极寻求日常工作中所积累问题的解决方案。因此，问题才会集中爆发。"我解释道。

"明白！你说的对！当公司着手塑造领导力氛围的时候，员工的确会对我们的转变将信将疑，他们不信高层管理者会有耐心启发他们，特别是在一开始。"他终于明白，提升团队的领导力水平并非简单的事。

"走动式提问是在平时工作中，让员工感受到你是尊重他们的想法和意见的，以此提前暴露藏匿在工作中的问题，启动领导力修炼的正向循环。

"另外，卓越的领导者要知道，比起一款游戏是否能及时上线，提升整个团队的领导力水平这件事更重要。一旦公司内部形成了高水平领导力的工作氛围，日后会极大地激发团队的创新活力，新的创意可能会层出不穷。到那个时候，竞争对手无论如何也赶不上你的公司了，不是吗？"

"你说的没错！"他肯定道。

要事第一

卓越的领导者需要知道，相较于日常众多的管理实践，对领导者来说，永远要将"要事"放在第一位。德鲁克在自己最著名的著作之一《卓有成效的管理者》中反复提醒企业的高层管理者，要事第一永远是最正确的做法。

要事，是指重要的事。它有两个特点：影响范围广，影响持续时间久。卓越的领导者需要把自己的主要精力一直放在要事之上。领导者不需要频繁做决定，而更应该围绕着少数要事做决策。

相比于提升一家依赖于创意而发展和存活的企业的领导力来说，一时的领先地位实在不是什么要事。一时领先，不能保障持续领先，它不符合要事的第二个特点：影响持续时间久。只有充分满足两个条件的事情，才算是要事。

卓越的领导者能分辨何为要事，对他们来说，永远是要事第一。

"董老师，我第一次彻底明白了如何启动领导力修炼的正向循环，也第一次知道了高水平的领导力氛围对于我们这种时刻处在竞争风口浪尖上的公司有何等重要的作用！太感谢你了！"他站起身来，激动地握着我的手。

聚焦少数关键

"你还需要知道另一件事。"我请他坐下。

"你说！"他对一次简单的咨询能收获这么多，感到有点不可思议。

"卓越的领导者要聚焦少数要事。要事的特点决定了它不可能很频繁地出现，因此在企业的日常管理工作中，绝大多数都不是要事。卓越的领导者必须时刻保持清醒，不要把找上门来的每件事都当作要事来处理。这意味着，卓越的领导者必须时刻警惕，用要事的两个原则来检验需要自己处理的每件事，否则，就会被琐事夺走自己的时间。"

"你是建议我，每次遇到需要我处理的事情时，都要用要事的原则来审视一下？"

"是的，公司高层管理者的时间很多时候并不属于自己。你本来想集中大块的时间来仔细思考和讨论一下公司未来的发展战略，此刻，一个重要的客户打电话来要约见你。你会怎么办？"我问道。

"我肯定会去见客户，因为客户重要啊！"他回答说。

"和客户见一面跟思考公司的新战略，哪件事情影响范围广、影响持续时间久？"我追问道。

"这……你这么一问，我就想明白了，当然思考公司的新战略是要事。"他肯定地回答道。

"那你该怎么做？"

"我该拒绝客户的见面，跟他再约时间！"

"是的。客户临时找你，也许并不是什么重要的事情，他没准只想和你聊聊家里那个不太听话的孩子。至少，你需要先问问他，急着见面有什么事。然后，再做出决定。"我回答道。

"我明白了。以后遇到事，我都要先判断一下，这件事是不是要事。"

"重要—紧急"四象限是错的

"好了，我们现在可以来纠正一个著名的时间管理模型：'重要—紧急'四象限。以前别人告诉我们，企业的高层管理

者要珍惜自己的时间，因此，只能把自己最宝贵的精力放在这
个模型的第一象限当中去，也就是优先做那些"既重要又紧急"
的事情。如果还有时间，再来做那些"重要但不紧急"的事情。
你是这么认为的吗？"我指着图 3-1 提问。

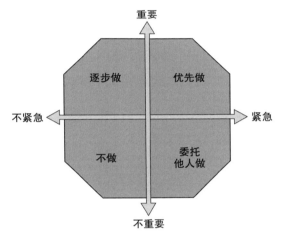

图 3-1　"重要—紧急"四象限

　　"难道不是这样的吗？"他疑惑地看着我。
　　"我们刚刚说，要事有两个特点：影响范围广，影响持续
时间久。"
　　"没错！"他回答。
　　"重要的事情不可能是紧急的！"我直接抛出了自己的结
论，"要事的影响持续时间久，因此就不可能有紧急的要事。
时间久，就不可能紧急。"
　　我继续说："假设很不幸，一家公司的办公室或者工厂着

火了，这件事重要吗？紧急吗？"

"这件事很急，也足够重要，不过，它或许并不是要事？"他开始犹豫了。

"它不是要事，虽然很紧急。一旦这种情况发生了，你只能寻求专业人士的帮助，并承担责任。消防员会把火灭了，若是有财产损失和人员伤亡，你需要负责和赔偿。"

"你说的没错！"

"之所以出现这种紧急的事，是因为我们平时并没有认真处理那些不紧急但非常重要的事。比如，公司或工厂安全制度、消防制度建设及贯彻执行。如果糟糕的事情发生了，我们除了承担责任之外，能做的就是反过来找原因，制定及完善制度，这样才能在未来杜绝类似的事情再次发生。"

"所以，卓越的管理者会一直做那些重要但不紧急的事！"他肯定道。

"严格来说，是做那些要事！要事不会紧急！"

"我明白了，老师。我跟你真是相见恨晚！"

盲点扫描

1. 掌握了领导力知识，就能成为卓越的领导者

领导力是一种需要在行为中体现出来的能力。懂得领导力知识，未必能在实际工作中践行领导力行为。成为卓越的领导者是一件十分困难的事情，需要不断地修

炼，也只能依靠不断地修炼才能达成。

知道和做到中间，隔着两个太平洋。

2. 只要管理者开始实施领导力行为，公司的领导力氛围就会快速提升

员工并不会立即相信管理者的行为是其背后真实意图的表达，要想取信于员工，管理者必须积极地、一以贯之地行动起来，才能成为卓越的领导者，提升企业的领导力氛围。

3. 企业高层管理者应该做那些既紧急又重要的事

要事的两个原则：影响范围广，影响持续时间久。这两个原则决定了要事没有紧急的。卓越的领导者能清晰地意识到这个问题，并且一直聚焦在那些重要但是并不紧急的事情上。

案例 11 鼓励犯错

企业领导力水平高低最重要的衡量标准之一就是企业对待"错误"的态度。领导力水平高的企业对待错误不仅宽容，有时还会鼓励犯错、奖励失败。相反，领导力水平低的企业对待任何错误都难以容忍，会惩罚错误、苛责失败。

按照成因划分，失败可以分为三大类：一是偶然性失败，二是复杂性失败，三是模糊性和不确定性失败。优秀的企业会分析失败，按照上述分类来区分失败，并对失败采取更为科学的态度，而不仅限于"奖惩"的二元法。

"老师好，我们公司是从事品牌汽车销售行业的，公司旗下有多家 4S 店。我们这个行业的竞争日益激烈，因此提升对客户的服务水平至关重要。"

"你遇到什么问题了呢？"

"为了给客户提供更好的服务，我们制定了严格的销售服务流程，如果销售人员不能按照流程为客户服务，我就会对相关人员进行处罚。比如，我们会对违反工作流程的人进行罚款，此人的上级领导也会被罚。虽然这个制度能保证我们给客户的服务是当地最好的，但是造成了销售人员的大量流失。公司不断提高销售人员的基本工资和提成比例，招人也很难。"

"如果某位销售人员按照公司的要求，为客户提供了优质的服务，有相应的奖励吗？"

"没有。他们入职的时候，我们给出的底薪已经远远超过了同行提供的薪资，获得这一高薪职位的要求是，他们能给客户提供优质服务。"

"公司这样做，会不会让员工认为公司承诺了一份'拿不到'的高薪？有人能够不被处罚吗？"我问道。

"你说的没错，大家就是这么认为的。我建立这样的惩罚制度，是真心希望员工能够体会到我们想要为客户提供优质服务的决心。虽然对于做得好的人我们没有额外的奖励，但是能够体察这项制度背后的真正用心的人、能够积极反思自己行为的人，我就会不断提升他的职位，从而让他获得更高的薪资。所以，我不认为这个制度有什么问题，但是效果却不好，导致公司很难招到合适的销售人员，而且品牌口碑也越来越差。你有什么建议吗？"

　　犯错，对错误进行反思，是一个人成长和学习的最主要方式，也是一家企业持续进步的动力。这位管理者显然是知道这一深刻道理的，否则他不会将那些能从错误中学习、持续进步的人提升到较高的职位。但因为他对"错误"的理解不够深刻，从而单纯地以"惩罚"来对待员工所有的错误，难免让人误解。这些误解，造成了他今日的困难。

巨大的成功从犯错开始

　　"你希望鼓励员工从错误中反思和学习，从而获得提升和进步的空间，是吗？毕竟犯错是人类进步不可避免的过程。"我说。

　　"你说的没错！"

　　"你对人的成长有一定程度的洞察。的确，很多人都是从重大的错误中学习进步，从而获得巨大成功的。任何有所成就的人和企业，都是错误的孩子，但是从错误中学习，不是一件简单的事。"

　　"想要从错误中学习，我们先要将错误进行区分。错误可以分为三大类：一是偶然性错误，二是复杂性错误，三是模糊性和不确定性错误。

　　"所谓偶然性错误，来源于犯错的人的"粗心大意""无视规章制度""不遵守流程"。这种错误并非因为无知而产生的，人们已经知道如何做事就能避免犯错，却因为自己的疏忽或者主观意愿贪图省事而犯下大错。

　　"这类错误是偶然的，是坏错误，但我们同样可以从中学习。一旦遇到这样的错误，我们就要深刻反思制度，反思我们选人的机制，反思操作的流程和规则是否足够完善，从而杜绝错误的再次发生。偶然性错误发生了，企业也要能够给予责任人严厉的处罚和追责。

　　"第二类错误是因为复杂性造成的错误。如果工作流程十分复杂，超出了执行人的能力而导致犯错，那么这类错误是中性的。我们需要反思是否应该将工作流程分解成简单的动作，交由不同的人按照流程来互相配合，而不是把复杂的工作交给一个人。一个人无法面对特别复杂的事情，这不是他的主观意愿能够决定的。例如，不同的客户购车有不同的预算和购车用途，这需要汽车销售人员能够深入理解客户需求，同时还要非常熟悉各个品牌不同车系的性能差别和价格差别。这对普通人来说，是一件复杂的事情。同时，特别复杂的事情，也可以采用计算机、人工智能辅助的方式来完成。我们完全可以将所售车型的各项指标和价格信息以及车辆的适用性录入数据库软件，汽车销售人员将客户需求输入到软件中去，就能简单并精准地为客户推荐车型。企业最好不要因为复杂性错误而惩罚犯错的人，否则，人们会学会隐瞒错误。

　　"第三类错误是因为模糊性和不确定性造成的。当人们要探求未知的知识和实践时，他们无法清楚地知道他们面对的是什么。过程和结果是模糊的、不确定的。因为每位客户都有不同的对服务价值的认知，到店时的心情、思考问题的习惯都不

同，因此，为每个人都提供令其满意的服务，其实是一件模糊
的、不确定的事情。举例来说，有些人防备心很强，认为商家
为他提供良好的服务意味着他要在购车价格上遭受损失；有些
人则认为汽车销售人员最好的服务是能够按照自己的预算，为
自己推荐一款性价比最高的车；还有些人带着小孩子、老人来
店里购车，在得到购车服务的同时，他们还希望自己的亲属能
得到很好的照顾等。汽车销售人员根本不知道客户会如何评价
自己提供的服务，因此非常容易犯错。甚至，就算他们按照公
司的标准服务流程执行，遇到心情不佳的或者对服务关注点不
同的客户，也没准会被投诉。

　　"这种错误是好错误，是要鼓励的错误，它们是服务创新
所必须经历的错误。如果公司能够鼓励因为创新而犯的错误，
就能锻炼出一个为客户提供更贴心、更精准服务的优秀销售团
队。他们会乐意从客户的角度出发来考虑问题，在服务行为上
更有人情味，而不是一味地遵照制度流程。"

　　"老师，真没想到错误还可以分成这么多种类，不过，你
说的对！"

该拥抱以及鼓励的错误

　　"三种不同的错误中，我们要拥抱中性错误，鼓励好错误。
对待中性错误不能打压或者处罚，避免中性错误非人力所能
及。如果企业打压或者惩罚犯这种错误的人，那么只能导致团
队隐匿它。

　　"对待中性错误，我们要尽早发现它，鼓励报告它，深入分析它。这样，我们才能找到解决这类错误的办法，最好在萌芽状态就找到解决办法，避免犯下造成巨大不可挽回损失的错误。

　　"对待好错误、因创新而产生的错误，我们不但不该惩罚犯错，而且要鼓励犯错，强调主动尝试失败、积极分享失败，甚至奖励失败。这样，团队才能形成探索和创新的氛围，才能最终给客户和公司带来创新的收益。"

　　"这样一说，我终于找到了公司现在难题的根本性解决方案了！我们要积极地让成熟的销售人员来培养新人，鼓励新人犯错、积极创新，把错误尽一切努力在萌芽阶段解决。这样，新人才会迅速地成熟起来，公司才能建立优秀的人才梯队，大家才会不怕因创新而产生的错误，积极寻求更好的解决方案。"他特别兴奋地说。

　　"正确对待小的错误，才能避免犯大错！区分对待不同的错误，员工才能体会到你希望他们学习进步的良苦用心。"我嘱咐道。

　　"你说的没错！"

该杜绝的错误

　　这三类错误中，唯一应该竭尽全力杜绝的是偶然性错误。企业要深入分析这类错误产生的原因，完善工作的流程，追责是犯错后最不重要的事。如果有人的确是因为无视流程制度或者一贯粗心大意犯错，那么管理者只能换掉这类人。如果能因为错误发现了流程制定上的缺陷，即使是偶然性错误，也能帮助企业进步。

任何一家伟大的公司，都是从无数错误中成长起来的。我们对待错误不能一味地厌恶和打压，而是要从错误中学习，从错误中进步。这样，为犯错承担的损失和代价，才能最终带来巨大的收益。

盲点扫描

1. 犯错都是不好的，任何错误都必须惩罚

错误可以被分成三大类，只有第一类错误是坏错误，但仍然可以成为学习的机会。同时，任何错误都可以被当作"善意的提醒"。

一味地惩罚犯错的人，只能让小错误隐匿起来，最终变成酿成损失巨大的大错误！

管理者要拥抱中性错误，奖励好错误。

2. 不犯错的人和部门是好的

如果一个人和部门从来不犯错，部门和个人业绩又没有较大的提升，只能证明他们没有干任何有价值的事。做事就会犯错，尤其是开展创新时，错误会如影随形。

任正非的一句话，道出了企业对从不犯错的人或者

部门应有的态度：

"有些人没犯过一次错误，因为他一件事情都没做。而有些人在工作中犯了一些错误，但他管理的部门人均效益提升很大，我认为这种干部就要用。对既没犯过错误，又没改进的干部可以就地免职。"

案例12 认识自己

　　当下，有非常多的企业需要重新构建自己的商业体系。一来，"创一代"企业家上了年纪，需要将自己辛辛苦苦打造的企业交给年轻人，但年轻人不愿意再用与父辈相同的思路来经营企业，有些甚至拒绝接班；二来，企业的发展遇上了商业范式的变迁。范式一词是由科学哲学家托马斯·库恩在《科学革命的结构》一书中提出的，指特定的科学共同体从事某一类科学活动所必须遵循的公认的"模式"，它包括共有的世界观、基本理论、范例、方法、手段、标准等与科学研究有关的所有东西。后来，范式被商业人士引申到商业领域中用以表达商业环境整体性、系统性的变化。一个新范式的建立，会摧毁原来旧范式当中的所有产业。例如，汽车对马车出行的整体性替代。

　　传承加上商业范式变迁的双重节点，对众多的企业提出了重构商业体系的要求。商业体系重构必须从"认识自己"开始。4000多年前，古希腊德尔斐神庙有三条箴言，其一就是提醒人们"认识你自己"。认识自己并不容易，需要深刻地思考。

　　"董老师，我们公司做服装贴牌外贸生意已经 23 年了。2000 年，我离开事业单位，成立了这家专门生产女装的公司，借助改革开放的红利，事业做得蒸蒸日上。业绩最高的一年，公司做到了 70 多亿元，为 20 多个国际品牌代工。

　　"近些年来，我们的订单大幅度缩减。只有少量追求品质的客户由于一时无法找到合适的供应商，依然在跟我们合作。大多数客户都转向到东南亚国家去寻求新的供应商。即使现在我们因为生产品质高还能保留一些客户，但我感觉这条路也很难持续走下去了。

　　"另外，你看我已经 65 岁了，到了退休的年纪，如果让我重新带领公司创业，那也是力不从心了。这次，我把女儿一起带来跟你面谈，她从英国读书回来，我想把企业交给她，但她并不十分情愿。"

　　这位满头银发的"创一代"女士，有点黯然神伤。

　　"你为什么不愿意继承妈妈给你留下的企业呢？"我问道。

　　"我知道妈妈很辛苦，但是这并不意味着我的一辈子也照着她的样子过吧？妈妈辛苦工作赚钱，送我去读书，如今我学成毕业回来，我想她也不愿意让我按照她的方式过一辈子吧？"这位 30 岁出头的女生非常有个性，无论是谈吐还是打扮，都透着新一代年轻人的潮劲儿和略微的玩世不恭。

　　听到这番话，妈妈没有特别难过，反而用欣赏的目光看着女儿。

　　"那么，你有什么想法？你觉得自己的人生应该怎么过才算精彩？"我问道。

"这个，我也没想清楚。不过，我觉得自己绝不能像老妈一样过。"她回答得斩钉截铁。

"那你对服装行业感兴趣吗？"

"我从小就看妈妈的工厂做衣服，上大学又学的时尚和消费心理学专业，对服装还是有浓厚的兴趣的，只是，我不想以妈妈的方式从事服装行业。"她回答道。

认识自己是人生最重要的课题

认识自己是人生最重要的课题，个人如此，企业也是如此。企业认识自己的方式是确定自身所积累的核心竞争力和竞争优势，个人认识自己从三环理论出发。

吉姆·柯林斯在《从优秀到卓越》一书中提出了企业的三环理论："你能在什么方面成为世界上最优秀的""是什么驱动你的经济引擎""你对什么充满热情"。

我们可以将柯林斯的三环理论简化成："你特别擅长什么""你认为自己的机会是什么""你热爱什么"。

我将这三个问题画成三个互相有交集的圆圈（见图3-2），展示给这对母女。

"这三个环有一个交集，它意味着有这么一件事，既是你热爱的，又是你所擅长的，并且也是一个巨大的机会。人生最幸运的莫过于在年轻的时候找到这件事。因为热爱，做这件事的时候，就算遇到极大的困难，需要付出特别艰辛的努力，在别人看来是吃苦，但对你来说是一种幸福。你可以随时随地在别人认为枯燥的事情上产生'心流'状态，进入忘我的时空中；刚好，这件事又是你所擅长的，意味着你在这件事上的表现要比其他人好得多；同时，它还是巨大机会的所在，那么你一定会在这件事上做出一般人难以企及的成绩！"

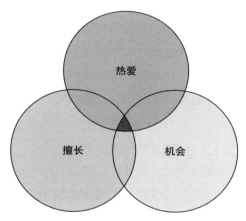

图 3-2　三环交集

听我说完，妈妈用殷切的目光看着自己的女儿，希望女儿能够说出一件处于她自己的三环交集中的事。能找到这么一件事是极大的幸运，但并不是所有年轻人都能早早找到这么一件事的。孔子说："三十而立，四十而不惑。"显然，三十岁能找到自己乐意从事一生的事业，对很多人来说是难以达成的目标。

"我好像没有找到这么一件事，看来，我不是个幸运的人！"女生坦诚地说出了自己的心里话。她妈妈的眼神黯淡了下来。

"没关系，并非所有人都能在一开始就认清自己的。认识自己很难，况且，很多事如果你不去做，就根本不会理解这件事，更无法确定自己是否真正热爱它或者擅长它，你说对吗？"

女生点点头，她妈妈的表情缓和了起来。她应该是联想到了自己年轻的时候，没错，很少有人年轻时不迷茫的。

"如果我们选择一件事开始做，那么，你觉得是要从哪个角度出发呢？是从热爱出发，还是选自己擅长的事，又或者选择自己认为是机会的？"我进一步引导她思考这个问题。

"老师，你能解释一下吗？"

从热爱出发

"比如你是学习时尚和消费心理学专业的，那么相比于一般人，你肯定是更擅长自己专业方面的工作的，对吧？"

"是的。"

"有的时候，我们能判断一件事是不是个好机会。很多人之所以做一件事，就是因为他们觉得做这件事有机会成功，所以就做了。他们或许不擅长做这件事，但为了抓住机会，他们会去学习相关的技能和知识。"

女生点点头。

"还有一类人，他们从小就热爱一件事情，喜欢做这件事。他们一开始并不擅长做此事，同时，也看不到自己做这件事能有什么出息，不觉得这件事对自己来说是什么像样的机会。比如，我听说漫画家丰子恺就是这样的。他就是喜欢画画，一开始画得并不好，也不认为可以依靠画画养活自己，但他就是喜欢画画，希望用画作来表达自己对这个世界的看法。他一直做自己喜欢的事情，无论白天工作多忙、多累，一有机会就会画漫画，最后终成大家！"

听到这里，女生的眼眶红了。她妈妈望着她，也略有羞愧地低下头。

"你有自己热爱的事情吗？"

女生看看妈妈，妈妈示意她可以说，她才讲出了自己的故事。

"我也从小喜欢画画。妈妈又是做衣服的，所以从小就喜欢画服装模特、设计时装。可是妈妈的从业经历让她知道，服装设计师这个领域中人才济济，很多人能成名，也是非常随机的事情。她认为一个女孩子做服装设计师，恐怕很难出头。有的时候，你越是了解一个行业，越是认为这个行业里的机会很少。所以，在很小的时候，妈妈就不允许我画服装设计图。

"但我真的喜欢，我喜欢用线条和色彩来表达我内心的感受。于是我偷偷地画画，有的时候作业也不做。最后被妈妈发现了，她狠狠地惩罚了我，烧掉了我所有的画笔和画纸。我特别伤心。

"后来我才知道，那时候妈妈的公司遇到了巨大的困难，她压力很大，希望我能专心好好学习。最后，我屈服了，开始努力学习，但画画的事，我一直都没有停下。

"妈妈，对不起，我没有停下我自己喜欢的事。"女生抱歉地看着妈妈。

"今天听了老师的话，妈妈很庆幸你没有因为我的错误而放弃自己热爱的事。"已经 30 来岁的人听到妈妈这么说，一头扎进了她的怀里。

她们想要咨询的问题的答案也呼之欲出。女生真正想做的、热爱的就是服装设计师，她完全可以接手妈妈的公司，自己设计衣服，打造自己的品牌。

你了解你热爱的事吗

要想获得卓越的成功，无论什么人，都只能从热爱出发去做事。对一件事情的热爱，会让一个人乐此不疲地做那些在别人看来非常辛苦的事，这也是真正热爱一件事的重要评判标准。

真正热爱和兴趣不同，热爱包含着无数的刻意练习、对最高水平的追求和持续的学习。比如，你可以说自己的兴趣是游泳，但是除非你能将游泳当作自己一辈子都要做的并且赖以谋生的事来做，否则它就只是你的兴趣而不是热爱。热爱则意味着你每天为了提升自己的水平，积极地参加锻炼，并且像游泳运动员那样训练自己的技巧。这意味着你可能要在一天内游上 1 万～ 2 万米，不断追求动作的完美。

你也可以说自己的兴趣是下棋，但是除非你能日夜钻研和琢磨棋谱，观察揣摩棋类大师的每一步落子背后的深意，并熟悉各种残局和棋类的模型，否则它也只是你的一个爱好，不是热爱。热爱是让人痴迷，并乐意为某件事付出自己所有的时间、精力，持之以恒地获得精进，并最终将其变成超级擅长的事，还能抓住这个领域当中现有和潜在的一切机会获得成功。

只有这样的事情，才是你的热爱。然后，你会因为热爱，将自己原本不擅长的变得非常擅长，从一般人看不到机会的角度发现巨大的机会。

但这并不意味着你付出努力一定会很快成功。你可能要在某件事上付出数以年计、十年计坚持不懈的努力，才能让别人注意到你在这方面的卓越能力，并且认可你。你清醒地知道，能够获得最后成功的人总是少数的，因此，也许你永远都不会获得你想要的成就。但人生苦短，如果你把自己的一辈子都放在了自己热爱的事情上，就算最后没有一个完美的结局，我敢保证，你也不会感觉自己的人生虚度了，你会感到特别充实、万分幸福。

或许，这才是人生的真谛！

从热爱出发，才有不悔的人生。

你了解团队热爱的事吗

你希望用自己的一生去做自己热爱的事情，公司团队中的每个成员也都有这样的愿望。每个人都有自己在内心深处最热爱的事情，但由于现实残酷的环境和人生的种种不如意，他们心中最炽热的愿望或许被压抑、深藏。

卓越的领导者要能挖掘团队的热爱，激发成员的热情。只有这样，领导者才能动员整个团队，为企业的未来付出卓有成效的努力。人们很难为你个人的热爱而努力献身，除非你能让他们和你一样热爱某件事情，或者你选的人本身就把完成公司要做的事当作自己的梦想。为什么一家公司必须有清晰的使命、愿景、价值观的陈述，这些陈述必须独特而清晰、果断而坚定？为什么对想要成就伟业的公司来说，这是一件特别重要的事情？其原因就是它们是一种清晰的号召，可以吸引到那些具有相同使命、愿景、价值观的最优秀的人。当公司的使命、愿景、价值观和团队成员一致时，人们会为了追求自己人生的价值而一起努力实现公司的价值。

成功就是让人们做他们热爱的事

站在这个角度上来看，成功的企业就是让人们能做他们热爱的事情。最成功的企业并非指那些具备垄断地位或者获取超额利润的企业，最成功的企业是让每一位团队成员都深感自豪的企业。财务上的回报或许是衡量卓越的企业最无聊的指标。毫无疑问，当下和未来最成功的企业，就是搭建一个平台，吸引那些与企业具备相同使命、愿景、价值观的人，一起做他们真正热爱的事情。

这样的团队，无须被管理，只能被领导！

你敢追求极致的伟业吗？

那么，从你和团队的热爱出发吧！

盲点扫描

1. 企业传承就是把管理好的企业交给下一代

企业传承问题，并非把一家管理水平高的企业股份交给下一代就行了。直接交付会引起企业老股东、老员工的抵触，甚至会引发客户和供应商的怀疑。同时，见多识广的下一代未必愿意像父辈一样经营企业。他们也许有自己热爱并愿意为之付出一生的事情。

因此，在传承之前，先要了解清楚下一代的热情所在，倾听他们内心的想法。

2. 只要擅长或者认为是个机会就可以开始做这件事

最卓越的成功一定是从热爱出发的，热爱能让人把不擅长变成擅长，从别人看不出机会的地方找到机会，这都是获取成功的基本保障。同时，就算一个人没有获得世俗意义上的"成功"，能一辈子做自己热爱的事本身就是成功。

3. 民营企业的传承和商业范式的革新是两件事

危机，危中有机。如果企业能够让熟悉新商业范式的年轻一代建立新的商业战功，不但能顺利完成传承，而且可以让企业制定出符合新商业范式的发展战略。

将传承和范式转变割裂开来单独看，无法找到解决问题的好办法。相反，如果将其结合在一起，反而找到了走出困境的方法。

第四章

CHAPTER 4

组织发展难题

我常在自己的企业课程"战略的九大思维"中说:"企业发展战略的落地执行受到企业两种能力的影响。其一是资本运作能力,其二是组织发展能力。"

然后,我会问听课的企业家,如果非要在这两种能力之间做比较,你认为哪种能力更重要?得到的答案有时是前者,有时是后者。越是经济发达的地区,认为组织发展能力更重要的人越多。不得不说,选中组织发展能力的人看问题更本质。假设一家企业有清晰的发展战略,同时还有足够的组织能力,那么这家企业的资本运作能力的形成和发展就是自然而然的事情了。特别是在当下的经济环境中,资金的充裕程度超乎想象。这从近些年来股权类天使资金和 A 轮融资的金额快速上涨就可以略知一二。

相反,无论一家企业的资金多么充沛,如果发展战略不清晰、组织没活力,也会将资源快速消耗殆尽。

组织发展能力是企业最重要的核心能力!

企业想要获得这项能力并不容易。我长期为民营企业做战略咨询服务,深知企业家之所以在对新战略的投入上犹豫不决,是因为担心企业当中没有足够优秀的团队成员能将企业的第二曲线战略贯彻执行下去。众多民营企业发展的核心困局其实是:人才梯队建设不足,组织发展状况受阻。

如何突破企业的组织发展难题,已经成为企业能否在未来3 ~ 5 年内再塑辉煌的关键,也成为中国民营经济未来发展的关键。

案例13 为什么任何变革在公司都推行不下去

公司组织中有一种相当常见的"怪现象"，就是任何变革措施都无法扎实地推进下去。其表现形式为：要么大家明确反对变化，要么表面上每个人都答应尝试变化，实际上却阳奉阴违。总之，任何来自高层领导的变化性指示，都很难落地。

遇到这种情况，要么是公司领导开始妥协，要么需要公司采取大力气，逐步完成新老人员更替，否则任何实质性的改变都无法发生。很多人将这种"怪现象"归因于利益，他们认为公司当中，尤其是大型公司中的成员，多数已经在公司里形成了某种既得利益群体。要实施改革，就是要动他们的利益奶酪。这种解决问题的思路有一定的正确性，战略研究中，也有一个专业叫作既得利益分析，就是为了将存在于公司当中的错综复杂的既得利益群体分析清楚，然后一一针对性地做工作，转变他们对利益的看法。

在博弈论中，这种做法被称为"非零和博弈"，也叫"共赢博弈"。

若是公司内部发生的变动不大，通过利益相关者分析，确实可以解决某些令人烦恼的变革抗拒症。当互联网、移动互联网以及未来的算力与人工智能构成的数字时代，彻底颠覆原有的商业范式时，人们逐渐发现，就算公司做了相当缜密的利益相关者分析，也在说服既得利益者上下了大功夫，仍然无法扭转组织对变革措施或明或暗的"抵制"。

这种抵制不是利益造成的，而是商业环境的巨大变化引发了快速而猛烈的变革需求，需要组织成员们在短期内快速学习大量新知识。这种改变以组织现有的能力是无法应对的，因此给成员们带来了巨大的压力甚至是恐惧，让变革无法顺利完成。

"董老师，我们是一家从事生物制药的公司。我们专门饲养一种名为'鲎'的海洋生物，然后提取它蓝色血液中的活性细胞，用于各种细胞内毒素检测。之前，我们都是将其制成药剂送到制药厂使用，如今，我们想开发医院使用的血液检测试剂，这会大幅提升医院血液检测的速度和精度。"

"我记得没错的话，野生鲎是国家二级保护动物？"我问道。做咨询顾问的一个好处就是你不仅能教管理者一些商业知识，还可以从他们那里学到很多"稀奇古怪"的小知识，让你时刻保持谦卑，深刻理解学无止境的含义。

"没错，你说的对。所以，我们必须对鲎进行人工饲养。同时，还要建立全新的标准来提取鲎血液中的细胞，绝不能过量提取，否则会影响它的生殖。"公司董事长解释说。

"这样就善莫大焉了！那么公司遇到了什么问题呢？"我一定要确保自己服务的客户所从事的事业是合理合法且对人们有益的，才会施以援手。

"问题是，这种变化需要公司的研发、生产、市场、销售等团队做出极大的改变。我们需要研发出新的稳定产品来通过检测试剂的审核，同时要确保鲎的养殖规模和鲎试剂的产能跟得上需求的变化。你知道，试剂提供给药厂和提供给医院对生产的要求是完全不同的。药厂用量小，储存水平高，因此对试剂的稳定性没有特别的要求。医院就不同了，用量大，而且很多医院是缺乏药厂档次的试剂储存条件的。最后，我们的市场和销售团队还不得不承担起患者知识培训的工作。现在的医院是无法强制指定采用某种药物或者检测试剂的，我们需要让消费者知道使用鲎试剂检测的好处，主动向医生询问或者接受医生的推荐。所以，我们可能要制作一些鲎试剂相关的短视频，向老百姓普及相关知识。

"这些都需要原来的团队做出巨大的改变。我们的技术人员在实验室搞研发可以，但如果让他们设计简单易懂的视频内容，那真是难上加难。"他苦着脸说。

"这是知识的诅咒，很难打破。"我补充道。

"对，你说的没错。所以，公司高层的任何事关变革的倡导，都落实不下去。我们分析了，这不是利益的问题。我们这个行业的利润率还是相当高的，很多员工是公司股权激励的对象，也有很多人都是公司股东。而且团队成员的知识水平和认知水平也算是出类拔萃的，他们都知道，假设公司的这次变革真的实现了，市场规模将扩大不止数十倍，公司收入和估值会暴涨，大家就都能实现'财务自由'了。我看到他们曾经想要努力做出改变，但因为这些变化对他们来说要求太高了点，所以经过几番尝试，大家就放弃了。"

"这是典型的组织防卫现象。"我回答道。

组织防卫

所谓组织防卫现象，是组织行为学家克里斯·阿吉里斯在对组织进行研究时发现的一种现象：这是当人们面对困难或威胁时所产生的一种自我保护反应，最常见的有诿过于人、转移话题、缺乏信任与合作等。

当人们面临巨大变化，特别是平时被认为是卓越的人面临巨大变化时，会对新的困难和威胁产生自我保护反应。当他们意识到市场变化或上级对他们提出的新要求，需要他们付出巨大的努力，而且非常有可能面临失败时，为了保护自己，他们就会抵制这种变化。他们会说这种变化毫无意义，或者推诿说失败不是自己而是他人造成的，甚至会认为这是公司领导故意设置障碍，想要开除他们。

"对，特别对！就是这种现象。很多骨干私底下问我，是不是对他们目前做的工作不满意，想要赶走他们。这真是让我一头雾水！听你这么一说，我才明白到底公司里面发生了什么。"董事长略显激动地说。

"组织防卫现象与利益关系不大。人们只是对巨大的变化产生了恐惧感。这些公司骨干是不是平时特别崇拜你？"

"没错，他们好多都是我在大学教书时的学生，无论是在技术上还是在人品上，对我都有一定程度的依赖。"

"正是这种崇拜，让他们不想在你的面前承认自己目前不具备相关能力，因此，产生了组织防卫现象。"

"我们该怎么办呢？"

克服组织防卫

"阿吉里斯不仅在研究中发现了组织防卫现象，还指出应该如何克服它。结合我在实践中所获得的经验和阿吉里斯的理论研究结果，我总结出以下几个步骤来克服组织防卫，你回去后可以在自己公司里尝试一下。"

"好的好的，你说！"

首先，公司的领导者要消除大家对变革的恐惧。

让大家对变革不再恐惧的办法并非轻描淡写地弱化发动变革的困难程度，而是充分向大家展示它的难度。作为领导者，带领团队成员直面现实，不遮掩、不逃避，充分肯定变革发生难度和可能面对的失败，是建立变革文化的基础。只有公司能建立开诚布公的变革文化，组织防卫现象才会有松动和被解除的可能性。

然后，领导者要承认，面对未来可能会经历的挫折和困难，自己也恐慌过。

领导者坦然地承认自己并非高人一等的超人，会让团队成员产生同理心。当团队成员知道公司里最权威的领导者也对变化有恐惧时，就不会为掩饰自己的恐惧而诿过于人或者转移话题。

接下来，领导者要把变革变成"三感交集"中的核心，让团队产生对变革的责任感。

人们采取任何行为背后有三类动机（见图4-1）：第一类，意义感；第二类，义务感；第三类，能力感。只有当一件事处于"三感交集"之中时，人们才会积极地采取行动。我在纸上给他画了三个圆，然后指着这三个圆交集的地方解释给他听。

"第一步，你要让大家深刻理解这项变革的意义。没有人会做没有意义的事情。一件事的意义，绝非仅仅包括企业或者自己能在这件事当中获得的好处，还包括他人，尤其是你们的

服务对象——患者在这件事上获得的好处。要充分、细致地强
调这个好处，让大家发自内心地认为这件事具有非凡的意义。

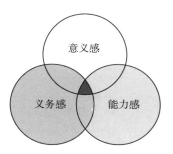

图 4-1   行为的三类动机

"第二步，要让大家理解，实现这件有意义的事是你们团
队的义务。很多事，例如拯救地球、世界和平都是有意义的，
但很少有人会认为这些事是他们的义务。把鲎试剂推广到医院
给患者使用，这件事是你们团队应该承担的义务。因为你们是
这个领域内的专家，你们的身份决定了你们有义务去实现这个
目标。

"第三步，你要让大家认为他们是有能力完成这件事的。
如果一件事既有意义又是我们的义务，但是我们觉得自己没有
能力完成它，那么也不会采取行动。你们团队是行业的专家、
是优秀的人才，只要成员愿意全心付出，就有能力完成这项变
革。就算目前的能力不够，只要大家肯学习、肯攀登，就一定
会获得实现变革的能力。"

听到这里，他重重地点了点头。

领导者还要指导大家，如何通过学习提升自身的水平来实

现变革。阿吉里斯给了我们一个很好的学习模型——双环学习
模型（见图 4-2）。

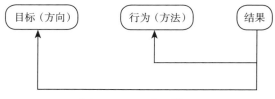

图 4-2　双环学习模型

　　在我们启动变革之后，要将我们得到的结果和想要的结果
相比较。如果实际得到的结果与我们想要的结果不同，那么，
我们就要看自己的行为和方法需要做什么样的改进。这是双环
学习的第一环：改变行为和方法，看看能否得到自己想要的
结果。

　　如果穷尽了各种方法，我们还是无法得到自己想要的结
果，就要更进一步，重新审视我们的目标和方向是否出现了问
题：应该确定什么样的目标，朝什么方向努力学习，然后提升
我们的认知，直到得到我们想要的结果。

　　"你可以回去按照上述过程反复思考并多次实践，相信很
快就可以打破组织防卫。"

　　"太感谢老师了！你真是帮了我们一个天大的忙！"

　　"祝你顺利！"

盲点扫描

1. 任何对变革的抵制都是因为有既得利益者在作祟

如果领导者排除了既得利益者抵制变革的客观因素，发现大家在变革实现后利益上会有所增加而非损失，那么阻碍变革的客观原因就被排除了。你可以通过建立非零和博弈（共赢博弈）来消除既得利益者对变革的阻挠。

阻碍变革的除了客观因素外，还有身处其中的人这个主观因素。人们会因为变革的程度太深，需要做出的改变太多，需要重新学习和掌握的知识太复杂而在主观上抵制变革。特别是当企业中有权威型领导者的时候，这种抵制会更难以被察觉。如果你遇到了这种情况，就证明你面对的是组织防卫现象。

只有通过开诚布公的沟通，打开核心团队的心结，才能克服组织防卫，让大家全力以赴地参与变革。

2. 改变是件很容易的事情

很多管理者了解到组织防卫现象之后的反应是，认为团队中抵制变革的人太没追求了，太懒了，没有远大抱负。其实，这是管理者低估了人们做出重大改变的难度。任何人面对重大改变的时候，都会感觉受到威胁，进而对变化产生恐惧。

改变自己、改变别人都是难度极高的事情。管理者在发动变革时，需要提前意识到这一问题，积极找出应对的办法，才能更加顺利地实现变革。

3. 如果人们感到害怕，就选择隐瞒，或者弱化他们所害怕的事

隐瞒和弱化，都会在真正实践的过程中被残酷的现实戳破。当人们发现事实并非像管理者所说的一样时，会快速降低对管理者的信任感。这反而不利于推动变革的发生以及持续改进。

案例14 任何组织都要成为学习型组织

政策（政治）、经济、社会、技术（即宏观战略分析工具 PEST⊖）四个基本要素时刻影响着企业的经营环境和市场的变化。企业级战略必须从分析这四个基本要素开始，才能找到符合未来发展趋势的新方向。

同时，我们也应该看到，在数字时代，这四个影响商业运营环境的基本要素无时无刻不在发生巨大的变化。政策层面，为了应对复杂的国际和国内形势，各国政府机构在固定框架下调整政策细节；经济层面，以美国为首的金融资本主义正在给世界经济的发展蒙上巨大的阴影；社会层面，民众开始要求企业承担社会责任；技术层面，科学技术的发展日新月异、突飞猛进。这些变化和背后的不稳定，让企业战略的规划学派一筹莫展。"看十年、算三年、干一年"的呼声的核心其实是以企业的终局愿景和发展趋势为"靶子"，在

⊖ Policy、Economy、Society、Technology 的首字母。

"射击"角度和方向上动态调整和迭代的逻辑。

调整和迭代则意味着团队需要有快速学习以适应新变化的能力，只有能建立学习型组织的企业，才能培养出具有快速学习能力的团队。从这个角度来看，我个人认为，未来的任何一种类型的组织（包括但不限于企业组织），最终都必须成为学习型组织。

"老师，现在一切都变得太快了。我们公司三年前制定了自认为特别清晰的战略规划，但今年再来看这些规划，很多已经不适合了。"一家储能行业公司的老板说。

"你能详细说说吗？"

"你知道，我们是做储能的。储能大致可以分为大储能（供电网）、商业储能（供商户）和小储能（供家庭）。我们公司的产品主要是聚焦在小储能领域，光伏发电、电池储能、家用一条线做下来，为家用储能提供了一整套解决方案。无论是在技术上还是在成本上，都有一定的优势。公司产品销往亚非拉等地区，一直受到客户和代理商的追捧。

"所以，三年前，我们制定了公司的发展战略规划，大致包含产品升级规划、市场拓展计划等。可是美联储一加息，大量美元回流到美国本土去，国际订单又是用美元来结算，导致我们公司非洲的客户换不到美元来完成订单的交易。这么一个因素的变化，让我们所有的战略规划都面临失效。"他略显沮丧地说。

"除了美元可以用于交易之外，你有没有试过其他货币？比如，瑞士法郎、德国马克？另外，据我所知，我国早在2015年就建立了人民币跨境支付系统（Cross-border Interbank Payment System，CIPS），你可以问问相关银行或者部门，看看能否与客户国家的某个银行进行结算。"我提醒道。

"啊，还有这回事，这样，老师，我先去打几个电话！"

"好的，你自便。"

大约半小时之后，他很兴奋地回到座位上，告诉我事情可能出现了转机，现在公司的销售人员正在和客户以及银行进行沟通。

"老师，你是怎么知道这些事情的，在我看来，这些信息和你的专业毫无联系啊！"

"我正想要问你，你的团队怎么会不知道这些信息，特别是你们公司依赖于外贸生存？"他面露赧色，"别说他们不知道，就连我都不太清楚，还以为除了用美元和美欧体系下的SWIFT之外，很难实现大额的跨境支付呢。"

"用CIPS支付到底行不行，还不知道，不过，我觉得你们公司不知道还有CIPS就不太对了。在当今这个时代创业经商，公司的发展战略会受到多种因素的影响，如果一遇到困难就束手无策了，那可能很难获得成功。影响公司战略落地的因素、问题多了，相应的问题解决方案也越来越多。只要团队足够优秀和努力，就一定能想出办法来解决问题。若是团队一直躺在经验上，那可能什么事也做不成。"我说。

"你说的对，那我们该如何培养优秀的、能解决问题的团队呢？"

"你听说过'学习型组织'吗？"我问道。

"我听过这个概念，但知之甚少，你能介绍一下吗？"

什么是学习型组织

学习型组织是这样定义的：

　　　　学习型组织是指通过培养弥漫于整个组织的
学习气氛，充分发挥员工的创造性思维能力而建
立起来的一种有机的、高度柔性的、扁平的、符
合人性的、能持续发展的组织。

　　简单来说，就是企业的员工团队并不满足于历史经验，而
具备持续学习的意愿和能力。这种团队能适应任何新变化的发
生，对行业中甚至行业外的新变化保持高度的敏感性，因此能
及时解决各种性质的问题。

　　有无数人对学习型组织展开研究，最著名的当数彼得·圣
吉。圣吉在全球畅销书《第五项修炼》当中揭示了国际上一些
知名企业和机构是如何打造学习型组织的，并展示了拥有这种
组织能力的公司和机构组织是如何面对复杂多变的局势，从中
取胜的。

　　"更详细的内容，你可以通过阅读圣吉的书来学习，但经
过我的实践和总结，有以下经验想要和你分享。

　　"第一，学习型组织的建设基于企业领导者的高抱负水平
和文化领导力。

　　"如果企业领导者没有打造一流公司的愿景和高超的领导
力水平，是很难建设学习型组织的。学习型组织建设绝不是说
员工愿意接受企业组织的各种培训就行了。目前，很多企业十
分愿意投入资源来培训员工，但这种培训都是浅层次的。一方
面，如果团队不能改变自身学习和思考的方式，培训仅仅是填
鸭式的教学，新知识很难被应用于工作；另一方面，就算培训

激发了员工的学习热情，如果企业高层缺乏听取中层和基层意见的能力和意愿，那么学到的知识也无法被施展出来。

"企业高层的高抱负水平可以塑造团队的共同愿景，而文化领导力水平决定了员工能否有持续的学习热情。没有人会学习那些自己一直用不上的知识。

"第二，学习型组织建设立足于系统思考。

"如果团队成员缺乏系统思考的能力，是无法构建系统性学习的氛围的。系统思考和反馈让我们知道，任何一个系统出现问题，都无法线性地归咎于一个人或者一件事，系统中的每个人甚至是每个要素都可能对最后的结果产生了影响。如果不承认普通员工对整体组织的影响，只相信组织的发展依靠高层几个人的决策，那么组织就无法从'控制型'向'学习型'转变。这也是为什么学习型组织中要使用'群策群力''共创''workshop'等工具和方法。

"第三，学习型组织除了学习工作技能之外，还需要整个团队升级自身的认知。

"认知升级是心智模式和信念层面上的，它会影响我们对同一件事的观察结论。如果大家的认知框架不同，很难对某件事形成共识。同时，如果团队缺乏对多种心智模式的宽容度，也很难产生更多元的想法。创新往往来自不同的想法，而创新能带来价值的前提是团队在某个想法上达成基本的共识。

"第四，团队成员要有自我超越的意愿。

"如果团队成员都是'躺平派'，对自我超越和自我价值的实现没有任何追求的话，也很难建立学习型组织。在我看来，企业人事部最大的职责应该是帮企业找到那些能够'自燃'的人，或者建立有效的企业文化来激发现有员工对自我超越的追求。我常说，做人事工作的人对企业最大的价值就是建立一套机制，通过这套机制把一开始'追求赚钱而加盟的人'逐步转变为'为了共同事业的实现而努力工作的人'。

"团队成员自我超越的意愿，是学习型组织建设的基础。

"第五，也是最后一点，我认为团队学习机制乃是学习型组织的重点。

"团队中有一个人持续学习，不是学习型组织；团队中大多数人一起持续学习，实现组织成员的总体性进步，才是学习型组织。因此，企业要建立团队学习机制。同时，我们也知道，跟独立学习相比较，互动式学习的效果更好。一个团队能在一起学习，具有不同认知能力的人对同一事物有不同的观察角度和结论，大家互相分享自己的观点，可以促进团队对某一事物全面理解。另外，在互动式学习中，我们能够加深对团队其他成员的了解，从而更有利于打造学习型组织。"

"我明白了，你说的这些我需要好好消化一下！"他表情严肃地说。

学习型组织是变革的前提

"现如今，我们发现，由于外部环境的激烈变化，企业要想获得高质量的发展，就需要不断地调整和迭代自己的战略。以前，我们制定一个发展战略，是以 3 ~ 5 年，甚至 10 年为一个战略周期。在当下的环境中，这么长的战略周期显然不符合实际情况。

"为了确保企业能在'战略定力'和'战略迭代'这两种互相矛盾的状态下找到平衡点，人们总结出了一种'滚动式'战略制定的方法：交替制订业务计划（Business Plan，BP）和战略计划（Strategy Plan，SP）。

"公司在制定发展战略时，需要以三年为一个周期来制定SP，同时，从SP中分解出下一年度的BP来执行，并根据环境的变化来迭代和调整BP。一年后，根据BP的执行效果和对未来趋势的新见解，公司战略团队需要重新制订未来三年的SP，并分解出本年度的BP来。

"SP的制定是一个滚动的过程，而BP是每年都要做的事情。当然，上述所说的一年BP、三年SP会根据不同行业的变化周期做调整。比如，在变化激烈的半导体和电子科技领域中，可能BP只能做半年度的，SP只能做两年的；在变化没有那么激烈的领域中，时间可以相对拉长。总之，我们不是为了做战略而做战略，而是为了确保企业的持续发展才做战略，因此不必过于在意时间上的限制。这并不意味着我们要频繁更改企业未来的战略。不同行业、不同企业，需要具体问题具体分析。

"不过，我们可以清晰地看到一个趋势：任何未来想要高质量发展的企业，需要在今天这个因为商业范式切换带来的复杂度、模糊性不断增加的环境中不断地实现自身的变革。当然，这些变革中有小的迭代改进，也有大的颠覆式变革。无论是迭代改进还是颠覆式变革，都需要企业能够建立起学习型组织，来支持战略上的调整和变化。"

"是的，老师，你说的对！当下，我们越来越感受到一个事实：如果公司长久不发生变化，势必会僵化，不适合发展趋势；如果公司想要调整战略，就必须有能够支持这种调整的团队。战略变化的需求直接导致了公司对团队能力的高要求。

"特别是我们这种依赖于外贸存活的公司就更是如此。我相信，未来几年内，这种趋势不会有太大的变化。国际形势不确定性上升，对我们的影响也很大。"他深深地感受到了在公司中建立学习型组织的重要性。

如何构建学习型组织

"那么老师，我们有什么具体的建立学习型组织的办法吗？"他热切地问道。

"当然，但你要知道，学习型组织的建设不是一时之功，你需要有足够的耐心。"我嘱咐道。

"我了解，你能说说具体要怎么落实吗？"

"最基本的办法是在公司内部办一个读书会。"○

"读书会？！这么简单吗？"他有点不敢相信。

"办读书会可不是一件简单的事，除非你的团队成员都有读书的好习惯。"我笑着说道。

　○　学习型组织当中的"学习"（Learning）具有广泛而深刻的含义，其主旨是：不断提升认知、获得环境适应性的学习，而不单单指读书学习。读书会只是构建学习型组织的一种方式，而且对书单、书目的选择有严格的要求：书单的构建和选择，必须能够让参与阅读者不断提升与工作相关的认知，不能简单粗暴地理解为办了读书会就等同于构建了学习型组织。

在一个短视频和碎片化阅读为主的时代，很少有人能认真静下心来从头到尾读一本有深度的好书了。相比于任何其他学习方式，我认为读书是最好的。你去听一堂课或者在网上看课程视频，都不如读书的学习效果好。这背后的原理是，人类在单位时间里真正接收到的信息非常少。根据脑神经科学家的研究统计，人脑每秒钟能有效接收到的信息量不多[一]，大部分信息都被丢弃了。其中，人脑接收视频信息的能力最强，语言次之，文字最弱。阅读，可以让人系统地、缓慢地接收信息并积极思考。这才是真正的学习。

让平时没有阅读习惯的人养成这个习惯，至少需要六个月。大多数人很难坚持在六个月内每天阅读一小时，但只要你做到了，就会慢慢养成读书的习惯。

这意味着，任何企业想要举办内部读书会，让大家分享读书心得，互相学习交流，需要至少坚持六个月。这对工作繁忙的白领或者在生产、销售一线的员工来说，并不是一件容易的事情。[二]在六个月内，至少每月阅读一本书，并互相讨论自己对某段内容的看法，这是企业读书会最低的要求，也是构建学习型组织最简单的起点。

不过，你要注意，你不能通过行政性强迫来让大家参与读书会。

[一] 信息来源：https://www.zhihu.com/question/623338442。

[二] 2021年我国成年国民综合阅读率较2020年增长0.3个百分点。其中，人均纸质图书阅读量为4.76本，人均电子书阅读量为3.30本，均较上年有所提高。信息来源：https://www.gov.cn/xinwen/2022-04/23/content_5686874.htm。

是机会不是强迫

任何人都不能强迫其他人学习。你可以强迫一个人把重物搬起来，但无法强迫别人在头脑中思考什么内容。你或许认为某人正在思考你所讲授的内容，但实际上，他很可能已经神游天外了。而且，你实在无法知晓在你面前貌似认真读书的人，是否真的在思考书本里的内容。

因此，读书会或者其他任何形式的学习，都必须以"进步的机会"来吸引员工主动加入。

"当然，读书会只是构建学习型组织的第一步。接下来，你可以组织大家对工作中的难题进行讨论，开办案例讨论会。你还可以让优秀的同事帮助他人现场解决问题，举行问题解决示范活动。甚至，你可以开展'博才计划'号召大家跨部门学习，也可以根据实际情况给员工引入能促进改善工作的外部培训和课程。

"学习的方法和形式是多样的，但宗旨是激发团队和组织的学习热情，并鼓励大家将学习成果用于在实际工作中解决问题。"

"你说的对，我回去就着手实施！另外，报告你一个好消息，我的同事了解到，我们最大的客户有机会靠 CIPS 来解决订单支付的问题，很可能我们不需要美元作为中介了，客户应该可以直接用人民币结算！"他十分兴奋！

"恭喜你！"

盲点扫描

1. 战略规划一旦定好了就不能改

没有任何一个战略规划能够事先被定好，任何优秀的战略都需要在实际实施过程中进行迭代和纠偏。企业战略需要符合实际情况，如果实际情况发生了变化，战略就要进行微调和迭代。这并不意味着无须制订战略规划，一个完善的规划的作用相当于在出发之前，我们先预设出可能会影响事情进展的问题，同时找到企业最有可能达到目标的方式和路径。它是一份地图，但不是一幅实景图。你不能因为地图跟实景图不完全相符，就否定地图的作用。

2. 打造学习型组织就是给员工提供培训计划

只提供培训计划绝不是打造学习型组织。学习型组织的核心是塑造组织学习的氛围，让员工认识到学习进步的重要性，主动学习、乐于学习并将学习的知识应用于日常工作中。

3. 企业高层可以"强迫"团队学习

有些企业会把学习进步作为岗位考核的 KPI，用制度来强迫团队学习。实际上，这种方法很难奏效，你没办法知道坐在培训室里的员工在想什么。没人能强迫别人改变想法。

案例 15 组织发展是企业做大做久的前提

在我多年的战略咨询顾问工作中，经常会被问到这样一个问题："企业里面没有人才怎么办？"很多时候，企业制定了清晰的战略方案，但在落实的时候，却往往会遇到一系列的困难。这些困难产生的根本原因是企业缺乏相关的人才来执行战略计划。很多企业高层虽然经常把人才挂在嘴边，但是实际从未在人才梯队建设上付出努力。

殊不知，一家企业能做大做久的前提其实就是组织发展。今天，单纯培养一两个特殊人才已经很难支撑企业的发展了。任何想要做大做久的企业，都必须树立组织发展的意识。

"老师，我们公司苦缺乏优秀人才久矣，你能不能帮我想想办法？"坐在我对面的是一位50岁上下的男士，他的公司是从事汽车电子产品研发和销售的，主要市场在海外。所谓汽车电子产品，是指汽车上的一些电子类设备，常见的有倒车影像系统、倒车雷达、汽车影音系统、车窗升降器等电子类产品。

"请你具体说说。"

"举例来说，前几年，我就知道汽车电子产品的外贸市场会慢慢萎缩，原因是欧美发达国家的汽车进入了大规模的报废期。我们的产品主要是卖给汽车车主后由他自行安装的。在业内，我们称为后装市场。

旧汽车进入报废期，意味着原来缺少电子产品的车辆将在几年内大规模集中报废，而新出厂的汽车早就装好了倒车影像系统等产品。我们销售额最大的单品就是倒车影像系统，所以对我们公司来说，这个市场肯定会慢慢萎缩。"

"你的判断很准确！"我称赞了他。能在公司销售额持续增加的时候看到未来市场势必会萎缩的趋势，这样的人其实很少。他们是具有战略眼光的人。

"所以，我就在想怎样实现公司的转型。我们有电子工程师，也熟悉汽车市场，因此，实现转型最好的方向就是做一款能在车上用的，前装市场又不会做的汽车电子产品。通过一系列研究，我们发现自动手机支架是个不错的产品。

"那时候网约车市场刚刚兴起，国内有很多人开始从事网约车司机的工作。为了能接到更多的订单，网约车司机往往会在车上放2～3台手机。他们会用手机支架来固定自己的手机。现有的手机支架往往是机械的，比如靠齿轮加弹簧来夹住手机。网约车司机要经常把手机从支架上取下再装上。我们粗略地统计过，他们比一般购买手机支架的其他司机装取手机的次数至少多 5 倍。这意味着机械的手机支架很快就会坏掉。

"市场调查的结果也是这样，当时很多网约车司机都希望能买到好用的手机支架。他们感到特别恼怒的就是在接单的过程中，手机支架突然坏了。一方面他们要确保驾车安全，另一方面还要依赖于手机导航，甚至要靠手机接单。手机支架坏掉对普通人来说不算什么，对网约车司机来说特别不方便。

"所以，我们决定研发一款电子手机支架。我们可以用小型的直流电机加上传感器，制作一个自动手机支架。用户只需要把手机放在手机支架的中心，这个手机支架就会自动夹住手机，我们在夹子两边加入了压力传感器，不会把手机夹得太紧，又不至于脱落。同时，如果用户要取下手机，只要这个传感器感受到了拉力，就会自动松开夹子，让用户顺利地取下手机。"

"那供电是怎么解决的呢？"我问道。

"刚开始我们想到的是用电池，但后来发现纽扣型电池对直流电机和传感器来说容量有点小，用体积较大的电池又不合适。后来，我们做了改进，在架子上放了一小块太阳能电池板。这个手机支架一般会放在车辆前面驾驶室的中央或者方向盘的左侧，甚至是前挡风玻璃上，都是靠前的位置。因此，在司机驾车的过程中，可以通过太阳能给它的电池充电。当然，我们也做了点烟器充电的设备。"他骄傲地说。

"的确是考虑得十分周到！那么你们公司遇到什么问题了？"

"市场和销售出了问题。我原本认为这款产品的市场需求很大，而且我们在设计的过程中特别关注了性价比，我们做了1头夹子、2头夹子和3头夹子三款，应该可以满足网约车司机的各类需求，产品的销售理应不成问题。

"可没想到，问题就出在我们觉得没问题的地方。产品生产出来之后，我们才开始想应该在哪个渠道来销售它。之前，公司主要做的是外贸业务，给别的品牌贴牌生产。主要销售的方式是服务大客户，它们通过展会与我们接触，然后到厂里参观、验厂，下小批量订单、大批量订单，按照这个流程走下来就行了。对于这些，我们做了很多年，轻车熟路。这款自动手机支架，不可能按照这个模式来走，原因有两个：第一，市场发生了变化，我们觉得虽然国外也有网约车司机，但是总量没有国内多，因此我们想做国内市场。第二，如果按照老方式做贴牌产品，那么国内市场又不太合适。首先是价格要压得很低，这还不是最大的问题，最大的问题是，只要这款产品销售火爆，仿品很快就会出来。仿品可没有研发成本，而且那些商家也不会像我们那样在乎产品的品质。仿品要是能做得好，那也算我们给大家做了贡献，但据我所知，它们只会粗制滥造地模仿，反而祸害了我们好的意图。

"所以，我想干脆开个线上店铺做品牌。我知道我们公司没有这方面的人才，于是找了很多猎头帮我们在人才市场上招聘优秀的人才。来了一个人，干一段时间就走了，再来一个干一段时间又走了。如此反复了多次，也没有能筛选到好的团队。结果，这件事就这样搁下了。公司在产品研发、电商运营方面前后投入了 5000 多万元，最后什么效果都没有。"他沮丧地说。

"你有探究过人才离开的原因吗？"我问道。

"当然，我问过后来走的几个人，他们认为，开个线上店铺只卖这种自动手机支架，实在是没有什么价值，都问我还有没有其他产品。我跟他们说，产品开发很容易，只不过你们要先把现有的产品卖好，证明你们的实力，然后我们再来开发新产品。大家都不接受，反馈说，电商平台上很难靠单一产品取胜的。

"我知道他们说的对，但是这款看似简单的小产品，研发投入并不低。销路打不开，我们实在没有勇气再去开发一个新产品了。"

"明白。你真是一个优秀的产品经理。可是你知道，清晰的发展战略是吸引人才的基础吗？"我问道。

战略是组织发展的方向

为公司招募人才，是组织发展的一个重要组成部分。组织发展虽然有很多的内涵，但是能吸引优秀的人才加盟，是其他内涵能够发生的基础。

从学者对组织发展的定义中我们可以看出清晰的企业发展战略对其产生的影响。

"组织发展是指以'系统的思维方式'开发干预措施的方式，即以计划和有意的方式使干预措施与组织的目标和活动保持一致，以期实现特定的结果，从而改善组织的整体绩效。"

根据对这一定义的分析，不难得出以下结论：组织的目标和公司想要的特定的结果就是由公司的发展战略定义的。

因此，清晰的战略是组织发展方向的指引和灯塔。

"那些电商人才会问你后续的产品规划，实际上就是想确定公司未来的发展战略。他们关注后续产品的开发，实际上所关注的是公司未来的产品和服务战略。"

"是吗？那我错怪他们啦？"他对我给出的答案仍然将信将疑。

"我们换位思考一下，你是一位产品开发的优秀人才，假设现在有一家公司希望你能加入，你觉得你会看重这家公司的未来发展目标吗？"我追问道。

"那是肯定的，我要知道我准备加入的公司是否有前途啊！如果这家公司没有发展前途，那么我去干什么呢？我又不缺这点工资！"他斩钉截铁地回答。

我沉默了一会儿。

"你是说，那些人也是这么想的？"他恍然大悟。

"如果对方真的是被猎头找到的优秀电商运营人才，那么他们一定会这么想。几年前，电商运营的职位非常火爆，很多公司都希望进行互联网转型，因此电商运营方面的人才可谓备受追捧。在这样的情况下，你觉得真正的人才会加入一家没有规划的公司吗？"

　　"经你这么一说，我觉得就算是我也不会加入一家没有规划的公司。我可能真的错失了人才。"在多数情况下，换位思考可以让人将问题看得更清楚。真正的人才不会在乎短期的薪水高低，他们更看重的是公司经营者是否有抱负，公司是否有清晰的战略规划、是否有前途。在明确了这些条件的情况下，他们才会认真考虑在一家公司里投入自己的全部精力，为它做出贡献。

　　战略定义了人才培养和组织发展的方向，这点毋庸置疑。组织发展就是将行为科学融入组织管理体系，以系统性思维开发出一系列对组织成员的干预手段，使组织成员能树立共同的目标，认同企业的文化，并心甘情愿地为公司的发展做出自己的贡献。学习型组织建设就是组织发展理念当中重要的一环。

　　这一切都需要有一个清晰的目标，这样公司才能招募和吸引优秀的人才，人才才会接受公司对其进行的干预。否则，关于组织发展的一切都是空谈。

活跃的组织产生新的战略

　　优秀的组织发展计划会带来活跃的组织氛围。组织心理学创始人库尔特·扎德克·勒温教授充分考虑了行动科学和社会学领域的研究成果，并将其结合起来，力图开发一系列干预活动，比如著名的"敏感性训练"（又称 T 团体）⊖，来实现个

──────────

　　⊖　让参与训练的人员于一种无结构的安排之下，彼此在相互影响之中
　　　　学习，利用团队讨论以达成行为改变的目的。

人目标、组织目标互相协调的状态。一旦组织成员的个人目标和公司目标达到协调的状态，组织活力势必高涨。

任正非曾说："方向可以大致正确，组织必须充满活力。"这句话背后的深意是，充满活力的组织会修正方向上的微小错误。大致正确的方向可不能带给公司一个明确的未来，如果仅依靠大致正确的方向，可能会因为资源耗散将公司带入危险的境地，但因为组织充满活力，这样的组织是不会任由公司陷入危险境地的。组织成员会在实际行动中，逐步修正方向上的偏移。

战略和组织是相辅相成的，如果一家公司有优秀的战略制定能力，它无比清晰地知道公司该如何发展，应该选择什么目标、什么路径、什么方式，那么组织能力稍微弱一点也无关紧要。战略清晰了，组织成员只要能依照完善的规划按部就班地执行战略，就能让公司获得发展，但这样完美的战略方案是不可能被提前制定出来的。所以，任何公司必须要有一个充满活力的组织，在实施战略的过程中持续修正它。另外，再好的战略都需要优秀的组织成员来落地实施。组织能力是战略落地的支撑。正如那句"一流团队能把三流的项目干出一流的效果，三流的团队只能让一流的项目不入流"，无限接近完美的战略规划如果没有辅以优秀的组织，依然会导致公司的失败。

活跃的组织会在大致正确的方向中，帮助公司找到那个唯一正确的目标。从某种意义上来说，这相当于重塑战略。

组织发展的核心是战略领导力

"老师，经你这么一说，我找到了自己公司无法吸引优秀人才的原因。我缺乏对国内市场的有效规划，给别人的印象就像一个投机者，看到了一个机会，投点小钱试试运气。这样的公司，我自己都不会去，何况是我想找的人才。"

"是的，你未必要把每一款新产品都立刻做出来，但是你不能在公司未来的产品战略上没有想法。你可以形成自己的想法，然后和你想要的人才一起探讨。当然，也许你很迷茫。因为对你来说，国内汽车电子产品后装市场也越来越小。现在国内的汽车更新换代的速度远远高于国外。尤其是新能源汽车的推广，在这些汽车上面，电子类产品更加丰富。我觉得这对你是个不小的挑战。

"如果你真的因为这个感到迷茫，就应该对人才直言不讳。你可以询问他们有什么想法，他们觉得公司应该朝什么方向发展。如果对方真的是人才，就会给你提出好意见。"

"你说的对！我学习过领导力。领导力背后的假设就是公司老板承认自己不一定知道什么是正确的，因此需要动员团队一起找出正确的路。"他很兴奋。

战略领导力是组织发展的核心。在战略领导力诸多的定义中，我最认可的是美国战略管理科学家希特、爱尔兰和霍斯基森提出的："战略领导力是一种可以进行预期、想象、保持灵活性并且促使他人创造所需的战略改变的能力。"

真正优秀的人才是很难"听命行事"的，他们对未来的世界是有自己的想法的。因此，公司领导者在公司发展战略的制定或者改变上，要具备动员团队的领导力，而不是自己"一言堂"。

因此，培养战略领导力是组织发展的核心，也是一家公司能够找到、留住、激发人才的核心。

盲点扫描

1. 只要产品好就不愁卖

好产品基于对市场需求的理解，但也必须通过有效的渠道让消费者理解好产品。因此，优秀的产品也需要强大的营销模式和团队来推广，才能实现好产品价值的传递。

2. 钱给足了，人才就来了

真正的人才是不缺钱的，他们可以在任何地方都赚到差不多的工资。能被钱吸引来的人，当别的地方开价更高时，就会离开你。

优秀的人才决定加入一家公司是因为他们觉得公司很有前途，这需要公司制定清晰的战略，而组织发展计划是留住人才并激发他们为公司发展做出贡献的核心。

3. 组织发展就是一系列管理制度和方法

组织发展应该以战略领导力为核心，而不是管理制度和方法的简单落地。真正的组织发展，是激发团队追求自我价值的实现，是吸引团队成员将个人目标与组织目标相融合。要想实现这样的目标，战略领导力是核心。

案例16 锐意发展型组织

　　组织专家和部分卓越的公司（例如桥水基金）正在实践一种新型的组织——锐意发展型组织（Deliberately Developmental Organization，DDO）。这种组织兼顾公司绩效和员工发展两个目标，并采取一系列措施，让这两个目标融合在一起。开发 DDO 理论的罗伯特·凯根教授认为，成年人的心智并非像传统脑科学研究学者认为那样 20 岁之后就会停止进步，而是会一直进步。他引用孔子"吾十有五而志于学，三十而立，四十而不惑，五十而知天命，六十而耳顺，七十而从心所欲，不逾矩"来证明在中国文化中，自古就认为成人心智可以持续进步。事后，随着脑科学的研究手段逐渐丰富和发达，人们才发现"20 岁停滞"理论根本就是无稽之谈。人在每一个阶段都可以提升自己的心智。

　　凯根教授通过对一些组织的研究和总结，提出了 DDO 的概念，并提供了方法论让更多的公司可以参照实践。

　　DDO 基于一种"这也要，那也要"的追求：公司要获得业绩上的发展，同时员工也要能不断进步和发展。这种发展并不是指技能或者职位上的提升，它专门指的是：员工作为人在心智成熟度和复杂度上的提升。实践证明，心智复杂度高的人，能胜任更加复杂的工作。

　　DDO 在本质上是"人本主义"管理思想的产物，相较于泰勒的"机械主义"，它把员工当作一个完整的人，而不是一双手。

"老师，我们公司现在最大的发展瓶颈就是缺乏足够多的优秀人才。因为持续在技术上的投入和市场需求的激增，公司的发展速度很快，一下子就让我们看到了公司中人才梯队的建设不足。"这位创业者在哈佛大学以生命科学专业博士毕业，被深圳市按照"海外高层次 A 类人才"的标准邀请回国创业。他的公司从事的是基因编辑方面的工作，力图以基因的手段来实现一些重大疾病的治疗。

"这是一个普遍现象，任何创业公司都有这个情况。对你来说，我觉得问题不在于去哪里找到优秀的人才，而是你是否能打造一个组织环境，让招进来的人才持续地发展。"

"老师，您说的对！我们的确是有很多渠道去招聘高端人才。我是哈佛大学毕业的，其他两位股东来自斯坦福大学和清华大学。"他笑着说。

"人才来源问题对你来说不是问题，但你要想清楚，自己的公司将怎么对待这些人，如何让他们持续发展和进步。"

"的确如此！您有什么好建议吗？"

"你知道 DDO 吗？"

"DDO？请您介绍一下。"

"开发 DDO 理论的是你母校的教授罗伯特·凯根，他认为成人的心智可以分为三个不同的层次。第一个层次是规范主导。心智在这个层次的人善于遵守规则，他们会按照公司的规章制度来行事。虽然对自己的工作内容有与公司不同的想法，但是他们不愿意暴露自己的想法，他们更愿意尊重规则，取悦同事和领导。第二个心智层次是自主导向。相比于心智在第一层次的人来说，这类人的心智更加成熟和复杂。他们在现实的工作中往往取得了卓越的成绩，受到身边人的肯定。因此，在面对新事物、新工作内容时，他们往往会以自己的想法为主要的导向来指导自己的行为。规则对他们来说是可以改变的。这让他们能胜任更加复杂的工作，拥有建立规则和达成目标的能力。这类人往往有一个非常明显的特点，他们过于自信，对于与自我想法不同的信息压根不关心。当他们听到一个消息的时候，往往会自问：'这跟我有什么关系？'如果他们找不到新信息和正在进行的工作之间的明显关系，就会自动过滤这些信息，将它们筛掉。成人的第三个心智层次也是最高级、最复杂的心智层次：内观自变。拥有这类心智的人会退后一步，重新审视自己的观点，发现自身与公司中的其他人或者整个世界这些更大的整体之间的联系。他们会经常反思'在某件事上，我有没有可能是错的'。这样复杂和成熟的心智，让他们的视野更广阔，可以从很多人认为没用的信息中发现巨大的价值。面对不确定和模糊的世界，他们往往更能够洞察事情的本质。"我边说，边在纸上给他画出图 4-3 这张图。

"您这么一说，我发现真的是这样。我公司里面的某些能力很强的人，往往属于后两种。"

"人的心智是可以按照这三个层次持续进步的。你有没有发现，这和孔子的'吾十有五而志于学，三十而立，四十而不惑，五十而知天命，六十而耳顺，七十而从心所欲，不逾矩'有异曲同工之妙。

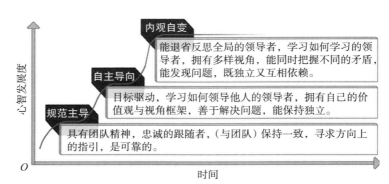

图 4-3 成人的三个心智层次

资料来源：凯根，莱希，米勒，等.人人文化：锐意发展型组织 DDO[M].
薛阳，倪韵岚，陈颖坚，译.北京：北京师范大学出版社，
2020.

"十五而志于学，是指人在年轻的时候要学习前人的思想和规则，依照规则而行事；三十而立，指的是在三十岁的时候，人们开始形成自己的志向和认为正确的规则；四十而不惑，是说到了四十岁，就对志向和规则没有任何疑惑了，将其变成自己一生的追求；五十而知天命，六十而耳顺，七十而从心所欲，实际上是指通过反思和总结，人开始朝着'内观自变'型心智发展，能接受任何与自己不同的观点和规则。在行事上，七十岁可以随心所欲却不触犯规则。这是因为心智达到了最成熟、最复杂的阶段，对世界运行的真实规则有了极其深刻的理解。"

"我明白了，我要的人才就是这种有内观自变心智的人！他们能帮助我在公司的发展上提出更多别人想不到的创新想法，他们熟悉规则，也能打破规则，有自己的主见，更能看到自己的错误。"他激动地说。

"你有没有想过，公司该如何获取这样的人才？你是打算直接去找具有第三层次心智的人还是打算自己培养？"

"最好能招到吧，我想，我自己都没有达到您所描述的第三层次心智，我怎么能培养出这样的人来呢？"

"可是，你知道吗，拥有第三层次心智的人特别少。"

"那我需要自己培养？"

我点点头，但是他的问题马上就来了。

"老师，我觉得公司来培养员工提升自己的心智，这成本肯定很高，而且未必能见效。这件事会不会耗费极大的资源和精力，以至于影响公司的绩效和收入？"

是人为了企业，还是企业为了人

"这是个非常好的问题。首先，我们确定了拥有第三层次心智的人是很难通过招聘找到的。那么，任何企业想要拥有这样的人才，就只有自己培养这一条路了。与任何想这么做的人一样，你担心培养这种类型的人才所需的成本以及是否会影响公司的业绩。

"要回答这个问题，我们首先要面对这样一个选择：人们到企业工作，到底是'人为了企业，还是企业为了人'。或者你可以将这个选择理解成，我们工作到底是为了工作还是为了人的发展？"

"老师，这是一个好问题！工作到底是为了什么？很多人认为工作是为了一份薪水和谋生；少数人认为我们参加工作，主要的目的是能为他人、企业、社会做出贡献；也有人认为工作的目的是获得肯定和成就感；还有人想通过一份优秀的工作来实现自己的价值。"

"你说的没错。DDO提出了一个新的选择：工作本身的目的是自我发展，让自己的心智更成熟。这虽然看上去和你说的内容有重合的地方，比如自我价值的实现，但又有本质上的不同。不同的点在于，DDO认为，优秀的企业要为自己员工的成长操心，这个成长指的不是一般的职位、技能上的成长，而是心智上的成熟！"

"这是真的好！非常好的目标！如果大家在一个地方工作，能够在心智上获得成长，不但能更好地工作，而且还能给个人的生活、学习等都带来进步！"

"你的意思是，如果可能的话，DDO这个选项也是你的首选？"

"是的，老师！"他回答得斩钉截铁。

"如果是这样的话，我们回到你的问题。构建DDO会不会给公司带来很大的成本，分散公司的注意力和精力？

"答案是，并不会。DDO的态度非常清晰，它是一个'既要又要'的底层思维。也就是说，打造DDO的方式，既要促进企业的发展和绩效的提升，又要能够培养拥有第三层次心智的人。"

"那太好了！"他欢欣鼓舞。

"之所以说起人员培养就想到分散精力、增加成本，是因为一提到培养人想的就是培训，但是DDO不是这个思路。它主张在公司内部建立一个全新的环境，在这个环境中，每个人都可以坦诚地面对自己的错误，并且，也可以坦诚地指出别人的错误。每个人都会帮助别人反思自己的错误，实现进步。

　　"其实，在一家公司里，很多人都在做着一份不拿薪水的工作，那就是'掩盖自己的错误'。人们不想让别人知道自己犯了错，也不想让别人发现自己的短板，因此，做了很多事来掩盖错误。

　　"实际上，DDO 的根本目的就是打破这个限制，让人人都能面对自己的错误，也愿意指出别人的错误，并形成人人都改正自己的错误，也帮助别人改正错误的工作氛围。你不用去举行特殊的培训，也无须掌握特殊的知识才能建立 DDO。一切都是工作中发生的事，只不过，DDO 要人们拿出一点时间来总结和反思。"

　　"这太好了！的确如此！您这么一说，我想起了我上周也干了一件'掩盖自己的错误'的事。我明明做出了一个错误的决策，但为了面子以及领导者的权威，我力图掩盖它。"

　　"桥水基金有一句名言：'你是在意自己看起来多厉害，还是在意自己能多快地学习？'"

　　"面对这个问题，我往往会选择后者，但在具体行事时，我的行为告诉我，其实我更在乎的是前者。"他反思道。

锐意发展人塑造卓越的企业

　　但凡能够成功建立 DDO 的企业，都成了世界上各个领域内卓越的企业。从克里斯·阿吉里斯的组织防卫观点来看，DDO 彻底解决了组织防卫的困境，这极大地减少了企业的内耗，让所有人都可以直面自己的错误，并且能够从错误中学习。这种学习不是获得一种新技能，也不是掌握一项新知识，而是让组织成员的心智越来越成熟。

具有成熟心智的组织成员，不会因为怕别人知道自己的错误而力图隐瞒它们。他们会正视自己的错误，也会帮助别人正视错误并从中学习。反过来，学习的成果又会促进更好地完成工作。一旦在内部能够实现 DDO 的正向循环，企业势必会朝着卓越进步。

同时，由于 DDO 是一种建立在新文化层面上的组织，一旦优秀的人才熟悉这种新文化，就很难在缺乏这种文化的企业中工作。这意味着，DDO 将塑造强大的黏性来留下优秀的人才。

那么，构建 DDO 需要注意什么呢？

首先，管理者要意识到构建 DDO 并不容易。它要求企业上下形成"极度求真"的文化底蕴。相比于发现实际情况，任何人的面子和羞辱感都不足为道，包括企业最高层的管理者和最基层的员工。错就是错，对就是对，无论是谁、什么职级，都无法扭转组织"极度求真"的价值观。

接下来，管理者要允许员工自己反思，并认可 DDO 的文化底蕴。DDO 不能急于求成，员工一开始可能会出于"遵守规则"的心态来故意暴露自己的短板和错误，但他们并非真正意识到自己的错误阻碍了企业和自己的发展。另外，自我导向型的人可能会出于其他目的来承认错误，比如，他希望获得更

高的职位和发展空间，或者希望被别人重视。你会发现，这还
是"一切都以自身出发"的逻辑。

　　只有真正能够对自己的心智进行深刻反思的人，才会意识
到规则可能有问题，自己是真的犯错了，进而形成最高层次的
"内观自变"的心智模式。这需要时间和耐心。

　　最后，如果在相当长的一段时间里，无论组织的其他成员
怎么帮助一个人来提升他的心智模式，他都无法从本质上改变
自己。管理者要允许他自行离开或者干脆淘汰他。DDO可能
会在还没有完全形成的时候出现反弹，最终仍然无法适应的人
会是反弹的主要动力。管理者要允许不是每个人都认为"快速
学习比自己看上去很厉害更重要"。

　　做好了上述准备，打造DDO有一套完整的训练方法论
（见图4-4）。

　　你可以通过阅读罗伯特·凯根教授的《人人文化：锐意发
展型组织DDO》详细了解这套方法论，并结合自己公司的实
际情况来打造DDO。

　　"好的，老师，我们回去就开始思考如何把我们的公司打
造成DDO。"

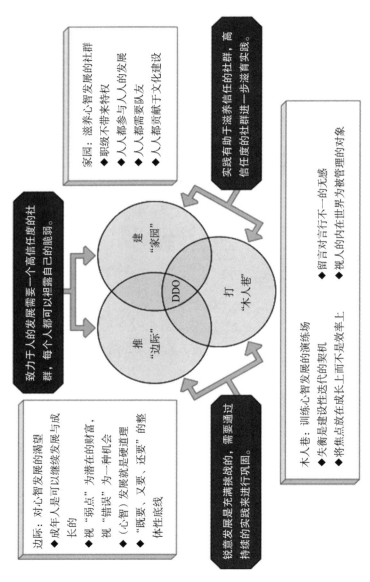

家园：滋养心智发展的社群
◆ 职级不带来特权
◆ 人人都参与人的发展
◆ 人人都需要队友
◆ 人人都贡献于文化建设

致力于人的发展需要一个高信任度的社群，每个人都可以袒露自己的脆弱。

边际：对心智发展的渴望
◆ 成年人是可以继续发展与成长的
◆ 视 "弱点" 为潜在的财富，视 "错误" 为一种机会
◆ (心智) 发展就是硬道理
◆ "既要、又要、还要" 的整体性底线

锐意发展是无满挑战的，需要通过持续的实践来进行巩固。

实践有助于滋养信任的社群，高信任度的社群进一步滋养着实践。
◆ 留言对言行不一的无感
◆ 视人的内在世界为被管理的对象

木人巷：训练心智发展的演练场
◆ 失衡是建设性迭代的契机
◆ 将焦点放在成长上而不是效率上

图 4-4 DDO 训练方法论

盲点扫描

1. 企业缺乏人才，是因为招聘或者培训工作出了问题

管理者倾向于简单粗暴地将企业缺乏人才归咎于负责招聘和培训的人事部。实际上，人才匮乏的真正原因可能是最高层管理者并未对企业组织发展制定清晰的战略。最高层管理者不给出方向，人事部也无能为力。

从 DDO 这种目前最先进的组织形式和背后的理念来看，想要打造 DDO，最需要率先改变自己认知的是最高层管理者。如果他不支持这种文化，不能坦诚地面对自己的错误，那么，企业很难打造出 DDO 赖以生存和发展的文化土壤。

2. 员工的发展就是技能的提升和职位的提高

如果企业把员工的发展视为技能的提升和职位的提高，就不会构建 DDO 组织。一个人技能水平和职位的提升背后，有其更为深刻的心智模式上的根源。任何人只有从心智模式上进行提升，才能得到真正的发展。技能和职位仅仅是这种发展的附带产物。

3. 专注于员工发展会耗散企业发展的动力和资源

很多管理者会认为企业在员工提升上花费的时间和资源越多，就越有可能跟企业发展争抢资源。从 DDO 的理念来看，有这种想法的管理者，本质上关注的还是员

工技能的提升。他们从未考虑过企业有义务让员工的心智模式更成熟。

实际上，一个人心智模式的成熟只有靠他自己，时间和金钱都无法真正地提升一个人的心智模式，除非他自己愿意这么干。

DDO 是一个既要确保企业发展，又要提升员工心智模式的"鱼和熊掌兼得"的组织形式。它只要求企业建立一个"极度求真""互相帮助"的氛围，让每个人都能坦诚面对自己的错误，接受他人的帮助也帮助他人成长。员工心智成长带来的结果就是他们会以更好的状态来工作，承担更为复杂的任务。这是促进企业发展的核心组织能力。

第五章
CHAPTER 5

品牌和市场营销

导
读

中国制造寻找第二曲线最短的路径在我看来仍是品牌化，尤其是之前为大牌贴牌的中低端制造业企业。一是，能为大牌贴牌生产，证明这类企业具有生产优质产品的能力；二是，这类企业积累了众多生产资源和知识，如供应链、高水平生产线等，这意味着，在生产制造端，它们有足够的竞争力。

这类企业唯一缺乏的是运营品牌的能力。这也是很多学者或者咨询顾问埋怨它们缺乏品牌基因的原因。

实际上，我认为所谓的品牌基因，无非是一种不同于生产制造逻辑的商业思维而已。品牌建设并非高不可攀。尤其是如今制造业企业面临着商业范式切换和企业传承的节点，"创二代""创三代"对品牌的理解能力远超父辈。同时，新商业范式带来了商业结构整体性的变化，这给创造品牌带来了良机。传统品牌若是无法洞察新商业范式，也很难持续生存。在以往的时代里，你很难想象一个冰激凌会让一个百年汽车品牌丧失人心，你也很难想象一句不该说的话让一个有数千万名粉丝的带货主播和与他有关系的品牌广受诟病。

国产潮牌正在快速兴起。只要制造业企业能抓住这一时代的机遇，在传承和范式切换的双重节点找到自己的发力点，品牌梦并非难以企及。

同时，我们也应该看到，虽然时机已经成熟，但是想要开创品牌的制造业企业必须先深入理解品牌的含义，寻找自己的切入点。否则，制造业企业依然会被品牌困境所扰，无法完成蜕变。

通过本章四个案例，希望你能初窥品牌的内涵，进而获得打造和运营品牌的能力。

案例 **17** 重新定义品牌

　　品牌究竟是什么？品牌定位学派声称，品牌是一个消费者的记忆符号，是消费者心智中对于某一品类产品的认知。传播学派认为，品牌是传播的载体。人们先记住，后传播，才能让品牌获得力量。

　　数字时代，新品牌的突破之道更加丰富，品牌商可以先通过关键意见领袖（KOL）推荐、免费试用等方式让自己的品牌在目标客户群体中实现"种草"。然后，通过其他的营销活动，形成第一次购买。接下来，品牌商可以通过产品的颜值、内涵获得好评和复购。最后，再逐步吸引更多的目标客户来参与品牌的各种活动，熟悉品牌故事，获得口碑传播的能力。

　　只不过，这一系列操作的背后有更深刻的逻辑。如果品牌商无法看透这个逻辑，都采取相同的品牌营销策略，那么消费者的心智容量远远不能承载那么多牌子。人类的短期记忆十分有限。我曾经在数百人参加的课程上，随便选出一个人

来，请他不经思考说出 7 个洗发水的品牌。只有
极少数的人能够顺利地完成这一任务。大多数人
只能提及 3 ～ 4 个品牌。洗发水是我们每天都要
用的产品，深深地渗入我们的生活场景，但人们
对它的品牌记忆仍然少于 7 个。实际上，洗发水
按照其宣称的功能区分就有多达数十个种类，注
册商标无数。显然，在这样的情况下，我们无法
单纯地用以前关于打造品牌的任何一项学派知识
来实现突破。

　　我们需要重新理解品牌背后的深刻含义。

"董老师，我们公司给欧美企业做了20多年的男装贴牌生产了。如今，客户大幅度削减订单，公司年销售额掉到原来的十分之一。公司想做品牌，我听了很多课，找了很多专家，大家都说制造业企业缺乏品牌基因。在你看来，我们有做品牌的希望吗？"

"既然有这么多人认为你的公司缺乏品牌基因，你仍然来向我咨询，足以证明你不信他们的话，我可以这样理解吗？"

"的确如此。我认为公司给国际大牌贴牌生产了这么多年，无论是产品质量、生产成本、供应商管理都有优势。特别是在前几年公司还投资升级了智能产线，就这么白白放弃做品牌，实在是心有不甘。"他见我猜透了他的心思，略感欣慰。

"我和你想的一样。我坚持认为，贴牌生产企业实现第二曲线的最短路径就是自己做品牌。但是，我们不能再按照原来的方式做这件事。原来人们对品牌逻辑的理解，已经成为开创新品牌的限制。如果不突破它，我们就要付出更多的成本和努力来打破老品牌所建立的壁垒。"

"你的意思是，我们还有机会？"他的眼中开始散发光芒。

"有机会！"我肯定道。

"你知道品牌其实也是有层次的吗？"我追问道。

"董老师，我悉心求教，愿闻其详！"这位头发已经斑白的董事长诚恳地说。

品牌的三个层次

"从消费者的角度来看，品牌可以分为三个不同的层次。

"第一层次，也是最低的层次，品牌对消费者来说是产品和服务质量的保障。这一点很好理解。相比于没有品牌的产品和服务，大家相信有品牌的质量更好。原因是品牌商打造品牌需要投入大量的资金和时间，这是巨大的成本，人们相信品牌商不会因为忽视产品和服务的品质而影响品牌价值。

"要理解品牌的第二层次，需要建立一个全新的视角：消费者购买某样产品和服务，并非为了获得产品和服务本身，而是为了利用产品和服务来完成他们自己的任务。举例来说，消费者购买最新款的智能手机，不是为了智能手机本身，而是因为最新款的智能手机能更快地运行 App，让消费者更快、更便捷地完成各种任务。如果智能手机没有相应的应用程序市场，只能用来打电话，相信任何人都不会持续升级自己的智能手机。

"同理，任何购买行为都有背后要完成的任务。如果你能让人们更好地完成任务，那么，他们就会购买你的产品和服务。这要求公司深入理解消费者购买某款产品背后的任务和产品带给他的应用价值。如果你能精准地找到消费者购买产品的任务，就能取得品牌上的突破。比如，人们购买某品牌男装，不是为了服装本身，而是为了让自己在不同场合穿着得体。洞察到了这一点，你完全可以改变服装行业的商业模式，比如为必须注意自己着装的商务人士提供会员服务。他们只需要支付一定的会员费用，就可以获得你为他们设计的不同场合的着装。他们甚至不用购买这些衣服，只需要在需要的时候，能穿上它们就行。"

"啊！你这个说法真是新颖，不过，我感觉这个想法特别有道理。我们买任何一样东西，都是为了完成自己的某种任务，如果公司能找到替消费者完成任务的新方式，那么就能构建被消费者依赖的品牌。"

"品牌的第三个层次也是最高的层次，消费者购买某样产品和服务，并非只为了产品和服务能替他们完成任务本身，更多的是想通过某款产品和服务来向别人或者说整个世界彰显自己的特点和价值观。

"比如，有些购买奢侈品牌包的人，关注的并非包的质量。单纯就质量来说，虽然奢侈品牌包的质量一般来说会有保障，但是一般品牌的包质量也足够了，跟奢侈品牌比起来并不差。这些消费者也不是为了完成自己'用包装东西'的任务，能装东西的包很多。他们之所以购买奢侈品牌，是因为想彰显自己的生活品位，表达他们与众不同的追求。

"那些名牌鞋子、服装的消费者，很多是想借着提供产品和服务的品牌来表达自己的价值观。"

"老师，这个我第一次听说。不过，经你这么一提，我觉得特别有道理。我从来没有听到有人从这三个层次来看待品牌。"他有点激动。

"在品牌的第一个层次上，竞争者颇多。品牌商都在强调自己产品和服务的品质有保障。你经常会看到一些广告告诉消费者，它们的产品中应用了多少高科技、有多少道复杂的生产工序以及建立了多么严格的质量保障体系和售后服务体系。如果我们要从这个层次上突破，将遇到特别多的阻碍。

"在品牌的第二个层次，也就是'客户任务视角'这个层次上来看，竞争就没有那么激烈了。大多数品牌商是按照自己的想法设计、生产及提供产品和服务，很少有品牌商能深入消费者的角度来审视他们所要完成的任务，思考有无更好的办法来帮助消费者完成自身的任务。品牌商都在强调自家的产品有什么功能，没有研究消费者是否需要这些功能。只有少数的品牌意识到了消费者任务视角。比如，小米创业之初，雷军就花了很多资金和时间，在网络上向年轻人搜集'你想要的手机需要有什么功能？该如何定价？你愿意为增加某一个功能付多少钱？'等信息，洞察年轻人购买手机背后的任务。所以，第一代小米手机上市后迅速被抢光。这里面的竞争是相当稀薄的，因为其他品牌商并没有发现消费者购买的真实意图。

"而在最高层次的品牌逻辑下的竞争就更加稀缺了，目前只有一些国际品牌能够做到。它们从向人们提供产品和服务开始，就用语言和行为向人们宣布自己的品牌价值观。接受了这些品牌价值观的消费者会购买它们的产品，用以彰显自己。如果一家公司能从这个层面上来打造自己的品牌，那么就会受到有相同价值观的人的追捧。他们甚至可以容忍产品和服务本身略有瑕疵，也可以容忍有更好的产品可能完成他们的任务，仍不为所动。"

"老师，好像耐克、阿迪达斯也是用品牌价值观来吸引超级粉丝的！"他立即就明白了我所讲的。

"是的！因此，品牌为自己的产品和服务寻找一个不同于他人的品牌价值观，就可以突出重围。你提到耐克、阿迪达斯，实际上，当这两大运动鞋品牌如日中天的时候，一个年轻的创业者就依赖于创造全新的品牌价值观，从而硬是在运动鞋品牌的激烈竞争中，撕开一道巨大的口子。你听过 TOMS 这个品牌吗？"

"老师，这个我知道。TOMS 有个著名的品牌宣言：只要有人买一双 TOMS 的鞋子，它就会送一双同样的鞋子给贫穷的人。"

"这背后体现的是人类的善意。TOMS 建立了一个全新的品牌价值观，很多人购买 TOMS 的鞋子，就是想向身边的朋友展示自己是一个善良、懂得感恩的人。"

"哇，你分析得太棒了，我感觉我们的品牌梦想有出路了！"他兴奋不已。

"你还需要知道如何按照一定的次序来打造自己的品牌。"我嘱咐说。

如何不断提升品牌层次

"首先，你需要为自己品牌层次的升级拟定一个顺序。因为公司多年来都是为大牌贴牌生产的，所以在产品的质量上有保障，对吧？"

"没错，我们可以生产性价比极高的产品。"

"相较于其他公司，你的公司直接就越过了第一个层次。因此，你可以直接关注品牌的第二个层次，让消费者更好地完成他的任务。产品和服务质量的保障虽然是品牌的最低层次，但是只有能够打通这个层次的公司，才能向第二层次出发。有些人认为，只要我能找到消费者完成任务的新方法、新思路，产品和服务的质量略有瑕疵，消费者也能接受。这个观点不无道理，但是只适用于一种情况：你发现的是一个零消费市场。

"所谓零消费市场是指在出现这个产品之前，消费者在某方面的支出接近于零。比如，在帮宝适推出纸尿裤产品之前，没有人在购买纸尿裤上有任何支出。纸尿裤是直接针对年轻父母需要完成的任务的，之前，没有品牌推出过纸尿裤产品，这意味着帮宝适发现了一个零消费市场。面对这样的市场，如果产品略带瑕疵，人们也是可以接受的。类似的案例很多，比如电话机、手机，一开始线路信号并不好，但消费者仍然对其趋之若鹜，也是因为它们开创了零消费市场。

"这个不适合服装产业。服装并非零消费市场，人们早就在服装上有所支出了，因此，任何服装想要在品牌上有所突围，产品和服务的质量必须得到保障！"

"你说的这些我懂了，的确如此！"

"现在，既然我们能保证产品的质量，那接下来我们就能开始在品牌的第二个层次上进行思考和突破了。你可以尝试会员制，可以为商务男士提供不同场合的服装穿着建议，也可以根据他们出席的不同场合，直接为他们提供服装的配送服务。商务人士经常出差，西装如果放在行李箱里难免会变皱，这给他们的出行带来极大的麻烦。若是有一个在每个大中城市都有店铺或者配送点的男装品牌，确保消费者出差到任何一个城市都能穿上为自己提供的合体服装，这个品牌一定会快速得到一批消费者的认同。

"他们只需要支付一定的费用，告知品牌自己的行程和出席场合的信息，就可以得到专属的服装服务，直接穿上得体的衣服而不必打理。我相信这会吸引很多人，甚至包括我。"

"这真是一个不错的想法！"他称赞道。

"在推广这个服务的过程中，你同时要向目标客户提供一个价值观主张，告诉那些选择你的品牌的消费者，他们究竟是如何与众不同。比如，你可以称赞他们更职业、更专注，这是商务人士特别好的品质。这样，之后更多的商务人士就会选择你的品牌，来向下属或者消费者展示自己的价值观。"

"老师，真是太感谢了，我觉得你这个想法就非常值得尝试！"

"品牌虽然分为三个层次，但是更高层次的品牌内涵一定是囊括低层次的内涵。你可以选择从更高的层次切入，但一定要确保你在低层次上做了精心的布局，遵守'品牌层次递进规则'。这样，你的品牌才会获得口碑，才会得到目标消费者的认可！"我嘱咐道。

"至理名言！"

盲点扫描

1. OEM 公司没有品牌基因

实际上，OEM 公司构建第二曲线的最短路径就是做品牌。比起一般公司来说，这些公司有扎实的生产技术和产品质量保证。只不过，它们要从更高的品牌层次上创建品牌，而不是用传统的方式把自己陷入竞争的红海中去。

2. 品牌就是定位

品牌是一个多元的概念，分为三个层次：第一，产品和服务的保障；第二，消费者任务视角的品牌理念；第三，品牌文化价值观。

定位概念背后的基本假设是品牌商要选择什么类型的消费者，而品牌层次概念背后的基本假设是消费者怎么看待品牌。

如今的品牌价值来源于消费者价值，需要我们从消费者的视角来思考。

3. 可以自由地从品牌的三个层次中选择一个打造品牌

除非品牌面对的是一个零消费市场，否则，你最好按照由低到高的顺序来打造品牌，遵守"品牌层次递进规则"。否则，可能随时会因为基础薄弱而导致前功尽弃。

案例18 你的公司只有"销"，没有"营"

　　营销这个由英文翻译得到的词，误导了很多人。营销的英文表达是 Sales and Marketing，直译过来应该是销售与市场策划，后来被简化为"营销"。看起来营销是一个词语，但实际上，它有两层含义：一是"营"，二是"销"。"营"对应着英文单词 Marketing，"销"对应 Sales。

　　为什么说如此翻译误导了很多人呢？时至今日，很多企业的组织结构中，竟然缺少一个重要的部门——市场部。因为工作的关系，我经常接触各类企业，在咨询过程中常常发现，年收入规模数千万元，甚至数十亿元的企业，竟然都没有市场部这个部门。

　　这些企业往往只有销售部，原因是企业的管理者认为，所谓营销其实就是销售，也就是非常简单的行为：把企业的产品卖出去。这其实是对营销的最大误解。

简单来说，"营"是为了达成"销"而进行的准备，"销"是"营"的结果和目标。把营销简单粗暴地理解为销售，实际上是"只要结果，不看过程"这一错误管理思维的体现。没有过程，不可能有结果，任何结果都必须有一个实现的过程。忽略过程管理，是管理者最容易犯的错误。

"老师，我们的产品滞销了。因为受到新冠疫情、外贸订单萎缩的影响，今年公司的产品销售额还不到之前的三分之一。我们加大了营销队伍的建设，但结果适得其反。"这家公司是研发生产智能家用机器人的，产品包括扫地、拖地、陪伴和取物机器人。

"你具体说说。"

"2020年之前，我们的产品远销意大利、英国、德国以及美国等欧美国家，在新加坡、日本和韩国的订单也渐渐有了起色。后来，一方面因为新冠疫情影响，另一方面因为欧美国家削减采购订单，产品销售额就开始下滑。我们试图转内销，但情况也不太乐观。"

"之前获取海外订单的渠道是参加展会吗？"

"对，之前公司每年都参加中国进出口商品贸易会。客户在展会上联系我们，然后会来看厂，最后签订采购订单。"

"公司是用自己的品牌外销还是给海外客户贴牌？"

"有些订单量大的客户要求贴牌，订单量小的就用我们自己的品牌。"

"除了参加展会之外，公司还有布局其他销售渠道吗？"

"公司主要是通过展会与客户接触的。"他有点不好意思地说。

"公司参加展会的策展是谁做的？"

"我们一般是外包给第三方策展公司来做。"他回答道。

对于营销的误解，让很多中国公司都忽视了市场研究的作用，很多公司甚至没有市场部。其实，市场部在一家公司的营销战略中承担着极大的作用。这个部门包括客户定位、定价策略制定、产品升级、市场需求调研、市场区分、品牌定位、市场挖掘、渠道策略制定、市场开发流程、品牌物料设计、展会策划、品牌宣传等诸多职能。"营",也就是 Marketing 的工作,其实是营销当中最重要的工作。"销"反而是在"营"的准备工作做充分了之后顺理成章的事。

"你们公司有没有市场部?"

"老师,我们没有成建制地成立市场部,市场业务相关的事情一般都是我自己负责。"

果然,不出我所料。

对营销的误解

"你怎么看待营销这个概念?"我追问道。

"在我的理解中,营销就是找到客户并把产品卖出去。"

"你说的没错,营销的最终结果就是找到客户并把产品卖出去。如果是做贴牌市场,营销最终想要达成的目的就是销售公司的研发成果和产能。如果我们直接以自己的品牌来开拓消费类市场,除了将产品卖出去,公司还需要在销售的过程中逐步建立自己的品牌,形成公司产品的品牌价值。"

"你说的没错!"

"那么,关于公司产品的客户定位、定价策略、宣传渠道、市场区分以及销售渠道的规划等市场开拓和研究工作,你觉得重要吗?"

"这些肯定重要啊!"

"在激烈的竞争之下,现在的产品不是做出来就能自动卖出去了,这一点我们能达成共识,对吧?"他点点头。

"那么这些工作如果没有一个成建制的市场部来做,单凭你个人的判断和决策,你觉得自己能把事情研究透彻吗?"

"这……你是说,公司需要成立一个市场部?"

"你觉得呢?"

"你这么一说,我感到在针对市场研究和开发的层面,公司所下的功夫还真不够!"

"那你想一想,现在公司的销售额下降,除了你刚刚提到的外部影响,公司自己有没有什么责任?"

"好像也是有责任的,公司对市场的研究不够深入。"

"你们这个行业有没有龙头企业,那个公司这几年的销售额是什么情况?"他认为公司"好像"有责任,其实在心里还是没有认同我的观点。

"有龙头企业,但它的销售额怎么样,我还真没了解过。"

我请他说出两家他认为是行业龙头的公司名称,然后,让他在手机上搜索一下他提到的公司近三年的销售收入情况。

"哇!老师,它们的销售收入不降反升啊!"他十分惊奇地将手机递给我看。其实,我心中早就对这种情况做出了判断。一个行业的龙头企业之所以能变成行业翘楚,并非完全是因为它的产品有高超的技术,也不是因为它入行早、投入高。行业翘楚和一般公司拉开距离的最大原因,往往是它对"营销"概念的不同认知。

龙头企业深刻知道一个简单的道理：虽然营销是为了把东西卖出去，但是"营"的工作量、作用与威力，远远大于"销"。企业在"营"这件事上做好了，"销"会变得很简单。

"营"90%，"销"10%

"我们一起来分析一下这两家公司的市场布局。"我让他打开随身携带的计算机，搜索这两家公司的市场布局信息。

"三年前，它们的主要业绩也是来自欧美市场。如今，它们欧美市场的销售额同样开始下降，但是，它们在国内市场和东南亚市场的销售额快速上升，日韩市场基本稳住，是这些新兴市场让公司的整体销售额不降反升了。"看着搜索出来的数据，他自己得出了结论。

"我们再看看它们的产品定价。"

"好的，稍等，我搜一下。在东南亚市场，它们的定价很高！我知道这款主打机型，成本不高，但定价这么高，而且销售额还不错啊。"

"你再看看它们是怎么开发新兴市场的。访问公司官网，看看这几年公司新闻中提到的关于市场开拓的情况。"

"它们找了代理商，还在东南亚成立了销售代表处，在东南亚的电商渠道虾皮也开店了！真是让人大开眼界啊！"

"在新兴市场的富裕地区，如新加坡、吉隆坡和雅加达还有线下门店。"我指着另一则公司官网上的公开新闻报道提醒他。

"老师，为什么有了电商渠道，还要在线下开店呢？"他不理解地问道。

"你之所以问这个问题，是因为关注的是开店成本。你要知道，一款新型产品是需要给用户提供体验空间的。华为和小米的手机不能在线上销售吗？为什么还要开线下门店？人们对于大额支出，有的时候需要先体验再消费。"

"有道理！"

"你再仔细思考一下，为什么这两家龙头企业能够策划出如此丰富的渠道规划和差异化定价策略呢？"

"难道就像你说的，它们成立了专门的市场部门？"

"你可以求证一下，去看看这两家公司官网上的组织架构或者团队介绍信息。"

他访问了对方的网站，赫然看到关于这两家公司人员庞大的市场部门信息，这让他感到相当震撼。

"在咱们搜索竞争对手的整个过程中，搜索对象的名字是你提供的，官网和上面的信息是第三方提供的，我在中间没有给你任何主观上的信息。你现在认可自己公司对市场研究不够透彻了吗？"

"老师，我懂了，你说的对！我们在市场研究上过于疏忽，才造成了当下的困境。"

事实上，如果硬要说"营"与"销"，也就是"市场"和"销售"两类工作的重要性的话，在我看来，"营"的重要性至少要占90%，相较于"营"，"销"的重要性仅仅占10%。"营"的工作看似都在投入，比如市场研究、定价策略、渠道布局、市场分析等工作都是需要公司投入资源和人力去完成的，而且，这些工作的结果似乎又不能直接带来销售额，因此很多人认为事关市场的工作并不重要。相反，"销"在一般人眼中是直接让公司获得收入的工作行为，因此，几乎每家公司都重视销售工作。实际上，在市场研究上的投入，可以大大促进销售工作的效率。

一个完整、健康的营销工作闭环，一定是从"营"入手的。公司在市场分析和研究上投入的时间和精力越多，就越有可能大大促进销售工作的展开。同样的销售工作，如果放在一个成长性好的市场中会事半功倍；再优秀的销售团队，如果在一个快速衰退的市场中卖过时的产品，也不能取得什么好业绩。

很多公司的管理者因为对营销工作的巨大误解，往往认为销售额的萎缩是因为销售团队成员的能力、工作态度出了问题。他们往往会投入大量的资源来培训、刺激（奖惩机制）和激励销售人员。实际上，销售工作仅仅是在精妙的市场策划指导下，完成从"线索到现金"（Leads to Cash）的销售管理流程，销售人员只是负责协助客户下单，完成销售回款的工作。如果市场策划出了问题，销售管理流程效率再高，也是在错误的方向上快速地前进，并不会给公司带来什么收益。

只要公司能在"营"的工作上下大力气，"销"就会自然而然地增长。

"老师，我回去后会着重建立公司的市场部，在市场研究上面下大力气。"他斩钉截铁地说。

盲点扫描

1. 营销就是卖东西

营销概念最基本的内涵其实包括两点：第一，通过对市场、客户的研究和分析，替销售人员找到最好的客户对象以及销售方法和渠道；第二，在正确的市场内销售，为精准的客户提供销售服务。

简单来说，"营"就是找到正确的市场，"销"就是在正确的市场里面高效地执行销售行为。

因此，好的"营"是好的"销"的基础。

2. 销售额下降是因为公司的销售团队能力和工作态度不行

公司销售额下降，在埋怨销售团队能力和工作态度之前，你需要先问自己 10 个问题：

- 我们的销售行为是否发生在一个上升的市场里？
- 公司产品适合什么类型的客户？
- 我们知道客户从哪里购买同类产品吗？
- 我们知道客户会以什么价格购买同类产品吗？
- 在下决心购买同类产品之前，客户需要知道什么信息？
- 我们知道客户获取这些信息的方式吗？
- 销售人员能否清晰地介绍自己的产品？
- 销售人员有向客户展示产品性能的道具吗？
- 竞争对手的产品卖得好不好？
- 如果竞争对手的同类产品销量很好，它们都做了什么？

案例 19 如何更好地"营"

在管理者明确地知道了"营"的重要性之后，马上需要面对的就是如何能在数字时代中更好地"营"这一问题。数字时代的特点决定了企业必须找到更好的营销方法论。不过，在构建营销方法论之前，我们需要在思维上达成一定程度的共识。我专门提出了数字时代营销战略制定的三大思维：解决方案思维、客户任务思维、价值思维。管理者需要先理解这三大思维，提升自身的认知水平，才能更好地构建适合新时代的营销方法论。

这是一家从事孕产妇健康服务的企业，属于大健康产业当中的一环，企业创始人是一位年近 40 的女性创业者。

"现在做市场营销工作真的太难了。我们请了一些国内著名的营销策划机构，并投入了重金按照它们给出的方案来执行，收效甚微。效果最好的不过是收回了营销成本，没有丝毫的利润。当我质疑营销策划机构时，它们反而抱怨我短视。这些机构说，企业虽然没有在利润上获得什么成果，但是品牌知名度提升了，希望我能把眼光放长远点，关注企业的品牌价值。老师，我十分不理解，品牌价值如果真的提升了，难道不能给企业带来足够的销售利润吗？"

"你的质疑是有价值的。品牌价值不是短期内能获得的，建立品牌首先要实现的其实就是销售额和销售利润的增加。之后，企业才有足够的资金来持续投入到品牌建设中，让品牌深入人心。这时，企业才能获得品牌价值。"我回答道。

"我们的销售额的确是增加了，但这些机构给出的营销方案落地成本太高，几乎吃掉了所有的利润。在某些地区，我们甚至还亏了钱。您有没有能够低成本落地的方案和想法？"

"我能看看对方为你提供的方案吗？"

"好的。"说着，她递过来一份装帧精美的营销策划方案。

我用了大约十分钟，简单地翻了翻这份方案，得出的结论是：制定方案的机构的确在市场营销的理论和实践上面有深厚的功力。问题是，它们给出的方案并不适合当下的数字时代。这份方案如果放在互联网普及之前，极有可能会给企业带来巨大的收益。方案的主要内容包括连锁店拓展计划、品牌升级计

划、事件营销方案和服务方案优化，方案的整体思维还停留在
2010 年之前盛行的营销方法，肯定无法符合当下的要求。

我不想直接将这个结论告诉对面的女士，道理还是一样
的。没人会认可你的观点，除非这个观点是她自己的，只是恰
好与你所说的一致。

"是有些问题，你自己认为问题主要出在哪里？"我先肯定
她的怀疑，但想先听听她对这份方案的想法。

"成本太高。我们把这个方案在几个区域内落实下去了，
由于企业现在主要的盈利项目是为孕产妇配送营养餐，食材的
成本就非常高。同时，我们还采用了低温烹饪技术，让孕产妇
既能吃得有营养，又不会增加身体负担。现在女性生孩子的年
龄越来越大，很多女性在怀孕期间都会患上妊娠高血压综合
征，如果不重视，会对母亲和婴儿非常不利。"

"低温烹饪可以缓解这个问题。"我表示理解了她所说的
内容。

"对！综合上述原因，我们产品本身的成本就很高，一方
面食材要保证优质，另一方面低温烹饪技术需要非常好的厨具
和厨师。所以，每份配餐的费用已经不低了。如果还要按照机
构的营销方案在营销费用上投入大笔资金的话，配餐产品的价
格要翻一番才能获利，但这就太贵了，超过了一般白领的支付
能力。如果只把目标客户定位为高收入的金领，市场面就太窄
了，也不是我们做这件事的初衷。"她略带惋惜地说道。

"如果把目标客户定位为收入更高的金领，还会有一个问
题：在孕产妇健康市场里面，存在大量的高端月子会所。金领

客户完全有实力承担更高端和全面的服务，而不是仅仅选择一个配餐服务。"

"对！您一下就看到了问题的本质。我们之所以开展配餐项目，就是因为要降低价格，把优质的服务提供给更多的孕产妇。所以，如果市场营销成本太高的话，这个项目就彻底失去市场空间了。"

"除了方案成本之外，你看还有其他问题吗？"

"我觉得它们的品牌宣传方案和思路有点落后了。现在是短视频时代，这些机构仅仅在方案中提了一下这种宣传方式，但没有做具体执行上的安排，反而让我们去投放传统媒体广告。"

"营销策划机构除了为企业客户提供营销策划方案获利之外，还有一项收入是媒体采购的利润。假设客户接受了一定程度的广告投放方案，那么，营销策划机构能帮助企业客户寻找低成本的广告投放资源，同时还能确保自己在中间获得一定的利润。它们深谙传统的广告方式，与传统媒体之间的合作亲密，这是一个三方受益的安排。

"如今，企业的广告投放大部分是在互联网上，尤其是在短视频平台。虽然平台为了获得广告收入也会和部分营销策划机构合作，但合作的空间十分有限。互联网的广告逻辑是按购买付费或者按点击付费，这意味着企业要打造优秀的视频内容，才能获得最好的效果。流量的投入反而不是主要因素了。"

"原来如此！我明白了老师。"

"数字时代中，营销的工作可能需要换个思路了。"我说道。

数字时代"营"的新方式

数字时代的营销工作除了广告媒介的选择发生了巨大的变化，还有其他不容忽视的因素影响营销方案的效果。

信息爆炸让人们的注意力越来越不容易集中。因此，想要吸引人的注意力是一大难题。此外，人们的工作压力因为不确定性而快速增加，他们很难在购买每款产品的时候有精力去对品牌之间的差异性做出仔细的区分。他们更希望企业能提供解决方案。

此外，消费者对有价值的产品和服务的价格越来越不敏感。尤其是新生代的消费者，他们对产品和服务的价值要求很高，愿意为自己认为有价值的东西支付较高的溢价。

综合上述原因，在数字时代中的营销方法论需要被升级到基于"SAVE"营销模型。

我在纸上写下"SAVE"的含义。

"S"代表解决方案（Solution），意思是说，企业要为满足消费者某方面需求提供完整的解决方案，而不是仅仅提供一两款产品。解决方案包括一系列互补的产品和优质完善的服务。优秀的解决方案可以快速降低消费者在需求满足过程中的认知负担。例如，消费者不需要成为橱柜采购专家或者地砖品牌专家就能入住有高质量装修水准的房子。

"A"代表入口（Access），意思是企业要为消费者了解自己的解决方案提供便利的入口。信息爆炸的年代，企业不能指望消费者千方百计地找你，企业要为他们提供了解你的便利入口。在当下，短视频是个不错的选择。

"V"代表价值（Value），意思是如果企业的解决方案打造得足够好，那么就可以向消费者强调解决方案带给他们的价值，而不是跟他们强调价格。比如，优秀的解决方案不仅可以满足消费者某方面的需求，还可以替他们节省大量的时间和精力。

"E"代表教育（Education），意思是为了让消费者深入了解企业提供的解决方案的优势，你需要投入资源和精力来教育市场，让客户认识到你能为他们带来价值上的贡献。

"老师，这太棒了！我觉得您说的没错，现在确实要按照这个框架来开展营销工作。"她赞叹道。

"当你能为孕产妇提供全方位解决方案时，公司的盈利模式就多了。同时，由于她们原本计划中就要支付其他费用，对她们来说总体支出可能并不会增加。"

"没错！"

"你知道通过短视频这个入口完成低成本营销引流的最大难题是什么吗？"

"打造一组流量很大的视频号入口并不容易。"她发现了问题的难点。

内容、内容、内容

"没错，但也没那么难！"我笑着说道。

以前企业将商业地产作为营销入口时，特别强调的一个因素就是开店的选址。商业地产行业的一位企业家说，做好商业地产有三个秘密：选址、选址、选址。

如今，想要在短视频平台上构建流量入口，核心要素是内容、内容、内容。很多不明其理的企业，在各大平台上注册了企业的视频号，内容却只有一种，就是以各种各样的方式来介绍自己的产品。这种内容的浏览量一定不会很高。没有人愿意观看一个卖产品的人自顾自地对产品进行介绍，这样的内容根本无法抓住观看者的注意力。

信息爆炸对短视频的制作提出了极高的要求。事实证明，如果一则视频无法在 7 ～ 14 秒内抓住观看者的注意力，他们只需轻轻一划，就屏蔽了企业精心打造的短视频，而短视频是视频号吸引流量最好的手段。

因此，精心策划视频内容是新媒体时代营销的重中之重。如何策划能够吸引人的视频内容呢？你可以避开以产品宣传为主的内容设计，在视频脚本中加入能吸引观看者好奇心的、带动他们情绪的、能给他们带来实际价值的、能让他们获得社交上谈资的内容，这样才能在短时间内吸引他们的注意力。

接下来，企业可以设计一些激励措施，让观看者转发你的视频内容，成为关注你的粉丝。你或许认为制作这样的视频成本很高，实际上并非如此。网上有很多视频本身制作成本并不高，却引起疯狂的转发。我最喜欢的是一个名为"世界上最辛苦的工作"的短视频。视频内容还原了一个面试的场景，面试官把一份"没有薪水、全年无休、每天 24 小时随时待命，还要具备烹饪技术、心理学基础等极高要求的工作"介绍给候选

第五章　　209
品牌和市场营销

人。当所有的候选人都表示没人会接受这样一份工作时，面试官告诉他们，这个世界上有无数人正在从事这份工作，她们是"妈妈们"。所有的候选人都被深深地打动，回想起妈妈对自己的好。

这个视频在短短几天内获得了数千万次的观看和转发，它的制作成本不超过 500 美元，但起到了极好的效果。视频的制作方是一家卖贺卡的企业，视频在母亲节之前播出，在结尾时提醒人们"这个母亲节，你是否会给自己的妈妈捎去一份问候"，大大刺激了贺卡的销售。

视频内容的打造是一个拼创意的过程，单纯投入资金是无法制作出高水平的视频内容的。

"老师，我都被您说的这个视频内容感动了。如果是我，也会转发它，也会给妈妈购买一张感谢她的贺卡！"

"我们要依赖于创意来实现视频内容的创作。如果你能获得好的创意，那么宣传视频的制作成本会大幅度降低，但效果却异常好！"

新的营销思维

"'SAVE'营销模型背后的思维本质是：解决方案思维、客户价值思维、客户任务思维这三大思维。我们从对客户要完成的任务入手来分析客户需求，然后以客户价值思维来为客户提供解决方案，就一定会在营销上取得突破。建议你熟悉并掌握这三大思维，这有助于你组建公司营销团队或者策划营销方案，让你更加得心应手。"

"您能简单介绍一下这三大思维吗？"

"所谓解决方案思维，我们已经在前面的谈话中提及了。在数字时代中，企业应该立足于为客户提供某方面需求满足的解决方案，而不是希望他们购买你单一系列产品中的一个或者几个。

"客户价值思维则提醒企业要打造客户认可的价值，而不是靠着在自己的产品和服务中堆砌价格昂贵、概念新颖的新技术或者特殊原料作为卖点。企业要去思考，客户真正的需求是什么，去掉一切多余的动作。

"客户任务思维就是强调客户购买某款解决方案不是为了获得这份解决方案本身，而是为了完成他必须完成的任务。因此，构建解决方案时，企业需要仔细分析客户到底要用你的解决方案来完成什么任务，这一任务有无更好的完成方式。"⊖

"我记下来了，也会去看您的书！太感谢了，今天收获颇丰！"她脸上笑容灿烂。

盲点扫描

1. 品牌营销是一件很贵的事情

这一结论并不准确，营销最重要的是对市场、客户、需求的深入分析，找到能满足客户需求的解决方案。整

⊖ 详情请阅读本书作者的另一本著作《战略思维：九大思维让数字时代企业"从好到卓越"》。

个过程不一定需要巨额投入，但需要深入思考的能力。

2. 思维升级是很空洞的事情

在这一案例中，你不难体会到这样一个事实：创新的方法论诞生于思维和认知的升级。任何人，包括行业专家，如果不能持续升级自己的思维和认知，都会被时代的巨变所淘汰。

企业经营、战略和营销策划的创新方法论，都诞生于对世界新的认知。没人能做自己没想明白的事情，思维和认知提高了，方法论会自然形成。

3. 获得关注需要投入大量的广告费用

在传统媒体时代，媒体权力是集中的，因此，获取大量关注需要投入大量的广告费用。但是，在数字新媒体时代，媒体权力是分散的，获取关注的主要动力来源于内容的创意。广告费只是附加的。

企业应该在品牌营销上充分提高内容制作的创意水平，而不能把自媒体仅当作一个产品介绍的渠道。

案例20 "中国制造"向全球价值链上游攀升

现如今，中国经济由高速增长阶段转向高质量发展阶段成为社会共识。我们要如何做才能实现突破，再次获得更高水平的、高质量的经济增长？

企业是经济增长的核心动力。借用经济学家迈克尔·赫德森对资本的分类，资本分为金融资本和工业资本。金融资本的增长是以放大债务来实现经济学意义上的"租"来获利的，而工业资本是将工业生产的盈余投入到再生产中，通过提高生产力来获利的。企业作为工业资本的核心，本质上是经济发展的原动力。中国经济发展的动力也将毫无例外地来自工业资本而非金融资本。

欧美发达国家的金融资本主义似乎走到了穷途末路。美国奉行的去工业化给国家经济发展带来了巨大的伤害。两相对照，作为一个中国公民，我坚信祖国未来的经济发展优于欧美发达国家。

那么，中国未来经济的发展会以什么具体路

径来实现呢？2023 年，在接受央视著名主持人董倩老师的访谈时，我阐述了这样一个观点：中国经济的发展动力在于，我们的制造业产品向全球市场价值链的上游移动。

改革开放以来，中国的制造业产品大多数处于低端制造水平。企业为国际品牌加工生产产品，让它们赚足了品牌溢价；同时，制造业产品相对来说一直处于低科技水平领域。未来，中国企业将会通过两种方式来改变这种情况：其一，将科技含量低的产品品牌化，以中国品牌替代中国制造，以便在国际市场上赚取品牌溢价；其二，提高制造业产品的科技水平，出口海外，在国际市场上赚取科技溢价。

无论是哪种方式，都是为了实现将中国制造向全球市场价值链的上游移动。中国企业赚了太多年的低利润了，如今，我们要向赚取高利润、高溢价的目标出发。我个人认为，这才是高质量发展的原动力。

"老师，我们外贸制造行业近期特别难。一是客户开始转向劳动力成本更低的东南亚投资建厂，大幅度削减我们的订单；二是依靠低劳动力成本的获利方式正在快速地失去效用。我们的盈利空间几乎没有了。"这家生产袜子的外贸公司董事长，为自己公司正在面对的严峻形势而担忧。

"国内经济目前的发展水平以及未来的人口发展趋势都明确地告诉我们，劳动密集型产业在中国的发展土壤正在松动。制造业必须进行智能化和数字化改造，以求降低人工成本；与此同时，还必须进行品牌化升级，然后想办法出口去赚取品牌溢价。"

"老师，不瞒您说，我们也看到这个趋势的必然性了。全球经济发展好像进入了一个快速变化的周期。智能化和数字化工厂的建设需要投入大量的资金，在这种经济形势下，我们感到前途未卜，下不了决心去做如此大的投入啊！"

"之所以不敢投入，是因为你担心公司的盈利，是不是？"

"核心因素肯定是这个！"他笑了起来。

"那么，我想请问，现在你的公司的盈利模式是什么？"

公司靠什么盈利：成本差价模式、产品服务化、公司平台化、品牌价值

"一般来说，我们都是先核算成本，只要客户的订单金额与成本之间有差额，那么我们就接单。"他很坦诚。

"这是典型的成本差价模式，意味着公司的盈利方法只

有一种：赚取生产制造成本和客户订单金额之间的差价，是不是？"

"您说的没错。不过，做生意不都是这么赚钱的吗？"

"我给你介绍几种新模式。第一种是产品服务化模式。袜子是产品，如果我们有办法将其变成某种服务的工具，那就实现了产品服务化的突破。举例来说，公司可以像沃尔玛旗下的山姆会员店一样，向客户收取一定的基础会员费，这笔会员费涵盖了一个人或者一家人一段时间内的袜子购买费用。客户缴纳了这笔费用，在相对应的时间，公司就定期寄袜子给他。比如，春夏寄优质的薄袜子，秋冬寄保暖的长袜。也可以针对人群，给女士寄应季款式的丝袜，给孩子寄儿童款袜子，给老人寄更适合的保暖袜子。

"还有，不同的人有不同的脚部护理需求，我们能不能开发一些防臭的、抑菌等的功能袜卖给不同的人？卖袜子只是卖产品，而根据客户的不同需求来设计袜子的供给模式，这就是做服务了。"

"这个想法好，老师您继续说！"他听到产品服务化的思路，开始兴奋起来。

"如果公司能够成功地将产品服务化，那么，我们就能提前收取消费者乃至其整个家庭的相当长时间的购买袜子的货款，更能提醒消费者定期更换新袜子。很多工作繁忙的人因为忘记更换新袜子，常会在需要脱鞋的场合漏出大脚趾来，公司能帮助消费者避免这种尴尬的情况出现。

"这样，公司会有一笔提前的收入。在盈利模式上，这笔钱可以用于投资，比如投入到智能工厂和数字化工厂的改造上，投入到设备的优化升级上，降低人工成本，进而获得成本上的竞争力。这就是另一种盈利模式：预收款投资价值。"

"有道理！"

"在这种商业模式之下，我们应该更容易建立起自己的品牌来。公司的盈利模式就由单一的成本差价模式变成了品牌溢价、预收款现金价值、预收款投资价值、成本差价这四种盈利模式，对吧？"

"的确如此。"他一边说，一边在自己的笔记本上快速地记着笔记。

"接下来，我们还可以进一步将公司进行平台化改造。一家 OEM 公司要想做品牌，实在是一个巨大的挑战。市场上不缺能做品牌的优秀人才，若是想要找到他们，那么就需要非常强大的人才辨别能力，还要费力气构建新型的品牌文化，在人才的'选、用、育、留'上下功夫。做品牌运营的人习惯的品牌文化和工厂的生产文化格格不入，想要互相适应，真是难上加难！"

"您说的没错。我们这几年一直想要招募品牌人才，但是工厂员工觉得这些人过于浮夸，品牌人才觉得工厂员工思想过于保守，总是合不来。原来问题的症结在这里。"他十分感慨地说。

"如果我们将数字化改造的工厂作为一个品牌孵化器，用工厂的产能搭建一个平台，寻找那些能运作品牌的人来创业，是不是比聘用他们效果会更好一点？毕竟，他们会将品牌的打造当作自己的事业。真正有能力的人，谁不愿意开创自己的事业呢？

"这些人最大的困扰是找到优秀的产品。很多有品牌运营能力的人到最后会受限于供应商提供的产品，他们创业所需的大部分资金也是用作购买货物的流动资金。如果能把你的公司打造成一个孵化平台，跟他们强强联合，孵化出真正的品牌公司的概率会不会更大呢？"

"老师，您的这种思路，我真的是前所未闻！凭借我多年的经商经验，我深深地感觉到这里面有巨大的机会！我想回去认真试一下！"

"如果我们能实现公司平台化的新战略，那么，公司的盈利模式能增加以下三种：平台管理费、多品牌利润、上市资本收入。"

"对，对，真要是能孵化出几个品牌来，公司是绝对可以上市的，而且在这个过程中公司会吸引大量的品牌人才加入，那么公司就可以收取平台的管理费和多品牌利润了。"

"最后，我们还要考虑到平台本身的品牌价值。虽然这部分价值无法估量，但是在公司上市之后，一定会在资本市场上有体现的，不是吗？"

"老师，我从来没有想过我的公司还有机会获得这么多盈利模式！您的观点真的是太让人兴奋了。"

"所以，未来的局势是，公司将有更多的赚钱方法，相比于之前仅有的成本差价模式，盈利点多了几倍。你的能力让你依赖于成本差价模式就把公司经营得这么好，现在赚取利润的方法和角度多了，你还怕什么？"

"是的，我记了很多笔记，回去会仔细思考。经过您的分析，我现在感到前途一片光明！"

如何优化公司的盈利模式

改革开放40多年来，大多数中国制造业企业都依赖于简单的出售式商业模式，只能靠成本差价模式来赚取利润。如今，随着国内经济的快速发展，人们的生活条件得以改善，低成本劳动力在中国将不复存在。这是一种不可逆的发展趋势。未来，制造业必将面对智能化和数字化改造的要求，进而降低生产过程中人的参与度。未来的生产工人将成为知识型管理者，一个人操纵数条智能化生产线所形成的生产力，将超过原来数百人的生产力。

这种变化让制造业企业有巨大的机会创造新的商业模式，获得更多的盈利模式。技术和商业模式创新相结合，将成为未来企业和经济发展的不二法门。

盈利模式的持续优化，依赖于商业模式的创新。产品服务化、公司平台化和品牌价值，将为"中国制造"转型为"中国品牌"提供巨大的动力。我们要做的仅仅是改变和升级思维，从更系统的维度来思考商业，并立足于未来，运用成熟技术，就能创造巨大的价值。

中国经济的发展，势必能够引领世界经济的发展。

打造品牌价值是一切的开始

对科技含量低的制造业来说，打造品牌价值、构建品牌壁垒、赚取品牌溢价是未来发展的唯一通道。"中国制造"将不得不向"中国品牌"转化，进而将整个经济向全球市场价值链的上游移动。我们已经很难期待促进经济发展的新红利突然出现，我们必须寻找新的经济发展支持要素。

打造品牌价值是科技含量低的制造业必备的能力，未来，要想实现经济的高质量发展，品牌溢价是不能忽视的。

同时，我们也要响应国家号召，积极发展"专精特新"的企业，增加"中国制造"的科技含量。在商业领域中，品牌壁垒和技术壁垒是两大硬壁垒，是很难通过巨大的资本投入就能在短期内构建或者攻克的。

优秀的巨头企业，例如华为、大疆等国内的世界级企业，都构建了品牌和技术的双重壁垒。同时，我们也应该看到，技术壁垒和品牌壁垒之间会互相促进，一强皆强，一弱都弱。品牌壁垒确保企业能获得品牌溢价，进而投入到技术的研发中，反过来加强品牌的力量；技术含量高的产品容易建立品牌壁垒，从而帮助企业获得品牌溢价，进而加强技术研发的投入。反过来，若是任何一项持续衰弱，也会影响另一项竞争力的构建。

同时，我们应该明确，打造品牌价值在电商和数字时代所要做的努力往往比直接实现技术壁垒更容易一些。很多硬核技术需要大量的投入和漫长的时间，比如生物制药、芯片等领域的技术突破，需要巨额投入和反复试验。打造快品牌，在数字时代相对容易一些。

所以，我认为，企业启动品牌和技术这两个竞争力壁垒的增长回路，不如先从打造品牌价值开始。这样成功的概率会更高一点。

"老师，您分析得真是透彻，让我醍醐灌顶！"他由衷地说道。

盲点扫描

1. 中国经济发展乏力，企业突破之路前途未卜

中国的企业家必须对国家的经济发展充满信心。另外，企业家需要清醒地认识到，之前国内经济的快速发展主要是源于各种红利，企业获得成功的基本归因并非在商业和战略上的精心策划。

现在，企业家在商业思维和企业发展战略上，还有巨大的提升空间，这将为中国企业带来巨大的发展机遇。

2. 商业只有成本差价一种盈利模式

成本差价盈利模式是企业获得盈利的最基础模式，也是最简单、最没有壁垒的盈利模式。未来，这一盈利模式将受到巨大的挑战。

通过本案例，企业家应该可以知道，把技术和商业模式创新结合起来会产生更多的盈利模式，这些新盈利

模式将让企业获得新的发展动力。

3. 我们满足于"中国制造"这一国际定位

　　未来，国内制造业企业发展路径势必要将"中国制造"转化为"中国品牌"，但"中国制造"的品牌化之路，未必学习欧美发达国家在金融资本主义思路下的去工业化。我们要充分重视工业资本的投入，构建自有品牌自己制造的新经济模式。

　　品牌和技术，将会带领国内制造业企业的发展向全球市场价值链的上游移动，给企业带来丰厚的利润，没人能阻止这一趋势。

作者的话

至此，我们通过分析 20 个影响企业发展的五大维度（人才管理、构建第二曲线、领导力水平提升、组织发展难题、品牌和市场营销）的相关案例，扫描并排除了企业经营过程中的 55 个盲点。

这些案例及其背后呈现出的盲点，反映出了在企业的发展过程中，具有一般性的共性问题。企业管理者发现和纠正盲点上的错误，将大大有助于他们带领企业快速发展，获得成功。

我们知道，打造一家成功的企业、创造令人赞叹的伟业并不容易。在追求卓越的路上，还需要我们付出更多的努力，对新商业范式以及时代对企业的要求进行深入的研究，不断修正对商业逻辑、经营理念的理解，优化企业的行为方式。

正如你我所知，走向成功的道路并不拥挤，尤其是当你的目标是追求卓越的成功时，同路者近乎寥寥。

鲁迅先生说："其实地上本没有路，走的人多了，也就成了路。"你若将其与人生的真谛和企业家精神结合起来，就会从中悟出另一层深意：追求卓越的企业家可以引领时代潮流，铺垫后人要跟着走的路。

为了你的成功，我在这本书中贡献了自己人生中近 20

年的工作经验和持续学习积累的见识。如果在你走向卓越的路上，这本小书能够起到一点点启发的作用，我将不胜荣幸！

最后，这一切都只是希望你能开创伟业，弘扬创新与企业家精神！

祝你成功！

董坤

2024 年 3 月 28 日于广东深圳